자유로운 공동체의
꿈

자유로운 공동체의 꿈

『자본론』 공부와 그 인연들

1판1쇄 | 2025년 3월 31일

지은이 | 송태경

펴낸이 | 안중철, 정민용
편집 | 윤상훈, 이진실

펴낸곳 | 후마니타스(주)
등록 | 2002년 2월 19일 제2002-000481호
주소 | 서울특별시 마포구 신촌로14안길 17, 2층 (04057)
전화 | 편집_02.739.9929/9930 영업_02.722.9960 팩스_0505.333.9960

블로그 | blog.naver.com/humabook
엑스, 페이스북, 인스타그램 | @humanitasbook
이메일 | humanitasbooks@gmail.com

인쇄 | 천일문화사_031.955.8083 제본 | 일진제책사_031.908.1407

값 20,000원

ISBN 978-89-6437-475-7 03300

자유로운 공동체의 꿈

송태경 지음

『자본론』 공부와 그 의미들

후마니타스

일러두기

- 외래어 고유명사의 우리말 표기는 국립국어원의 외래어표기법을 따랐다.
- 단행본과 정기간행물은 겹낫표(『 』), 노래, 기사, 논문, 기타 짧은 글 제목은 홑낫표(「 」), 법령, 방송 프로그램, 온라인 매체는 홑화살괄호(〈 〉)로 표기했다.
- 본문에서 언급되는 지은이의 블로그명과 주소는 다음과 같다.
  〈송태경의 블로그 — 삶과 사회적 사랑〉(https://blog.naver.com/urisaju)

서론

이 책은 『자본론』과 함께 자본주의 이후의 새로운 세계를 꿈꾸며 실천했던 내 삶의 흔적에 대해 2019년 페이스북 등에 썼던 기록이다. 아마도 대다수 독자는 이론적으로든 사회적으로든 역사적으로든 출중하고 주목할 만한 이들의 개인사에 대해서는 관심을 가질 수 있으나, 나처럼 볼품없는 인물의 개인사에는 관심이 없을 것이다. 그러므로 이 책의 목적은 내 개인사를 알리기 위함이 아니다.

『자본론』의 이론적 타당성을 실천적으로 입증하며 살아왔던 내 개인사를 빌려 학문적으로 『자본론』을 이해하는 실마리를 제공하는 동시에 특히 인류의 미래(자본주의 이후의 사회)인 '자유인들의 연합'Association of free men을 이해될 수 있는 형태로 드러내기 위함이다.

사실 정치경제학(경제학의 본래 이름이다) 연구를 통해 마르크스Karl Marx가 그 구체적 실체를 처음으로 발견하여 '자유인들의 연합'이라고 개념 정의했던 자본주의 이후 새로운 사회는 그동안 추상적 얘기들만 무성했을 뿐 제대로 이해된 바 없다.

그것은 마치 형체를 알 수 없는 신비한 유령과도 같았고, 최선의 경우조차 유물론적 변증법이라는 독특한 철학적 사유의 결과이거나 또는 시대의 천재였던 마르크스가 구상한 사회처럼 취급되어 왔다. 유럽 봉건제도의 태내에서 자본주의적 생산양식이 성숙하고 이행 과정을 거쳤던 것처럼, 세계화된 자본주의 태내에서 자본이나 국가의 지배 질서로부터 해방된 사회인 자유로운 공동체가 태동 직전에 있음에도, 사람들은 이를 구체적으로 인지하지 못하고 있다.

나는 이를 바로잡고자 한다.

또한 이 책이 계기가 되어 자본주의적 생산양식의 성립기에 국가권력 등에 의해 자본주의로의 이행이 강력히 촉진된 것처럼, 자유인들의 연합으로의 이행 과정 역시 이행에 필요한 지혜로운 수단과 방책을 매개로 강력히 촉진되기를 희망한다.

나는 거듭 희망한다.

장구한 세월에 걸친 마르크스의 정치경제학 탐구의 결과들이 공정하고 편견 없는 학문적 연구의 결과로 새롭게 주목되고, 이를 바탕으로 인류가 자본이나 국가의 지배 질서로부터 해방된 자유로운 공동체로 나아갈 수 있기를. 그리고 그렇게 노동이 아름다울 수 있는 사회에서 지구 자연(더 나아가 우주 자연)과 인류가 유기적으로 공존하며 자유롭고 풍요로운 삶을 살기를!

1
이모부와 노동 착취
진실을 풀어 갈 때는 누구보다도 지혜롭기를!

『자본론』을 집중적으로 공부하려 맘먹었을 때, 내게 닥친 첫 번째 곤란은 가난이었다.

원서 등을 사 봐야 하고 당장의 소소한 생활비를 벌기 위해 시간을 허비하지 않으려면 최소한의 비용이 필요했지만, 6남매를 위해 고단한 일상을 살고 계신 어머니에게는 차마 말할 수 없었기 때문이다.

그때 제일 먼저 떠오른 분이 귤 농사를 크게 하고 계셨던 이모부였다. 마침 귤 수확기였고, 이모부 밭에서 일을 해 일당을 받을 수 있다면 단기간에 필요한 비용을 마련할 수 있으리라 생각했기 때문이다.

이모부는 이런 내 생각을 흔쾌히 수락해 주셨다. 아르바이트 마지막 날 저녁 식사 자리에서 "그래 태경이 너는 뭘 공부하려는데 책 사 볼 돈이 필요한 거니?"라며 내게 물으셨다.

정치경제학, 특히 『자본론』이라는 것을 공부하려고 하는데 원서 사 볼 돈이 없다는 내 대답에 정치경제학이 무엇인지 이모부 당신도 알아들을 수 있게 쉽게 설명해 달라신다.

젊어서 그랬었는지 앞뒤 분간도 없이 아주 솔직하게 대답해 드렸다. 그 대답 중에는 다음과 같은 얘기도 있었다.

노동자를 임금 줘서 고용했을 때 이윤이 발생하면, 그 이윤을 노동 착취로 보는 학문이 내가 공부하려는 정치경제학이기도 합니다.

이모부가 되물으셨다.

그럼 태경이 네게 일을 시키고 품삯을 주는 것도 임금이고, 내가 얻는 수입은 이윤이냐?

이모부의 되물음에 대해서도 앞뒤 생각 없이 그때 당시 아는 대로 솔직히 대답해 드렸다.

제게 주는 품삯이 임금인 건 맞는데(이모부는 경제학적으로 소생산자이고 총노동 중에서 계절적 수요로 발생하는 일부의 노동만 임금노동에 의존하므로 제게 주신 것이 '임금인 건 맞는데'), 이모부가 얻는 수입이 이윤인지 아닌지는 공부를 해 봐야 한다고. 만일 이윤의 요소가 있다면 내가 공부하려는 정치경제학은 노동 착취의 결과물로 이해한다고.

내 대답이 끝나기가 무섭게 그렇지 않아도 깐깐한 성품의 이모부가 대노하셨다.

아니, 그럼 내가 태경이 너를 착취했다는 말이냐? 노동 착취라니, 이런 몹쓸 놈.

다음 날 아침 겨우겨우 진정하셨는지, 내게 필요한 돈이 얼마인지 물으신 이모부는 내 일당의 두 배를 챙겨 주시며 부탁 하나를 하셨다.

배움에는 끝이 없단다. 진실을 추구하는 것이 학문이니 내 무엇이라 얘기할 수는 없으나, 진실을 말하는 게 때로는 큰 상처가 될 수도 있단다. 가슴 깊이 새겼으면 좋겠고, 진실을 풀어 갈 때는 누구보다도 지혜로운 조카가 되었으면 좋겠다.

돌이켜 보면 이모부는 내게 참으로 소중한 조언 또는 부탁을 하셨던 것인데, 못난 조카는 이모부의 부탁을 제대로 수용하지 못했다. 많은 이들에게 비수와도 같은 질문을 던져 상처 입혔던 일이 한두 번이 아니기 때문이다. 그럼에도 이모부의 부탁

13

은 내게 참으로 많은 화두를 던진 것이었다.

오해의 소지가 없게 정치경제학이 무엇인가를 정의하는 문제부터 왜 모든 것이 정상적으로 진행되는 경우 자본가와 임금노동자는 착취-피착취 관계를 이해할 수 없게 되는가라는 문제까지 그리고 끝으로 주어진 사회적 조건에서 '이행을 위한 최선의 해법'을 찾아 지혜롭게 문제를 풀어 가는 실천까지……. 이 모든 것의 배경에는 이모부의 소중한 부탁이 있었다.

조카의 거침없음 때문에 크게 상처를 받았던 이모부, 그러나 자신의 상처가 조카에게는 큰 도움이 되도록 소중한 당부를 해 주셨던 이모부, 내 『자본론』 공부 과정에는 이렇듯 '진실을 풀어 갈 때는 누구보다도 지혜로워야 한다'는 일깨움을 주셨던 고마운 이모부가 계셨다.

2
배움에는 국경은 물론 밤낮조차 없다

『자본론』공부 과정에서 경영 노동management labor or the work of supervision and management이라는 개념을 처음 접했을 때, 참으로 궁금했던 것이 '사회적 필요노동의 일부이지만 동시에 자본의 손발이 되는 경영 노동'에 대한 지식을 학교에서는 어떻게 가르치고 있는가였다. 그리고 이게 내가 경영학을 부전공으로 선택하게 된 이유다.

그러나 당시 내가 경영학을 부전공으로 선택하는 것은 물리적으로 쉽지 않았다. 전공인 '선박 항해' 이외에 이미 교육학을 부전공으로 하고 있었으므로, 경영학을 부전공으로 추가할 때 강의 시간 중복을 피할 방도가 딱히 없었기 때문이다.

그때 눈에 띈 것이 야간대학 과정이었다. 경영학을 야간 과정에 하면 주간 과정의 강의들과 중복될 이유가 없었으므로 최선의 해법이 거기 있었고, 신청하면 당연히 될 것이라 생각했다.

야간 과정 신청 문의에 돌아온 답변은 불가였다.

주간 과정과 야간 과정을 구분하는 학칙이 있고, 전례도 없으므로 안 된다는 것이다. 설령 학칙을 고치는 과정이 진행되더라도 시간이 걸리기 때문에 나는 대상 학생이 될 수 없다는 실무자의 친절한 설명도 덧붙여졌다.

그러나 실무자의 친절한 설명처럼 정말 불가일까? 다르게 생각해 보면 가능한 방법이 있을지도?

그랬다. 달리 생각해 봤더니 주어진 조건에서 내가 야간대학 과정을 통해 경영학을 부전공으로 선택하려면 어떤 특단의 조치가 필요하다 생각되었고, 그 권한을 가진 사람, 즉 총장님을 만나 설득하는 길이 하나의 해법으로 존재했다. 그렇지만 대학교 총장 자리가 일개 학생의 민원을 듣는 자리가 아니므로, 개인적인 문제로 총장님이 나를 만나 주리라 생각되지 않았고, 실제로 실무자들 역시 면담을 막아섰다.

총장님을 독대해서 내 얘기를 하기 위해서는 약간의 돌발 행동이 필요했다. 나는 총장실로 통하는 입구에 책상을 하나 놓고 거기서 총장님 눈에 띌 때까지 강의도 들어가지 않은 채 『자본론』을 펴 들고 읽었다. 결국 서너 번 마주친 끝에 당시 제주대학교 김형옥 총장님은 무슨 연유냐며 내 얘길 듣자 하신다.

야간대학 과정으로 경영학 부전공을 신청했는데 학교 학칙이

16

있어서 안 된다고 하는데, 총장님께서 이 문제를 해결해 주셨으면 합니다.

내 얘기를 소상히 들으신 총장님은 참으로 유쾌하게 웃으셨다.

자네가 옳아. 자네가 공부하는 마르크스에 따르면 아마도 자본에는 국경도 없다고 했을 거야. 국경도 없다는 자본, 그렇지만 자본에게는 밤낮을 반드시 구분해 줘야 해. 그게 없으면 노동자들이 다 죽어 나갈 거야. 그러나 배움에는 국경은 물론 밤낮조차 없어야 해. 자네 같은 학생들이 다니는 학교의 총장이라는 게 내 정말 자랑스럽네. 아무쪼록 배움의 길을 가려는 자네의 초심을 늘 잊지 않길 비네.

그리고 다음 날 김형옥 총장님의 배려로 나는 야간대학 과정을 통해 경영학을 부전공으로 하는 것이 가능해졌고, 내 이후 다른 사례가 있는지 어떤지는 모르나 야간대학 과정을 통해 경영학을 부전공으로 한 제주대학교 최초의 학생이 될 수 있었다.
더구나 "배움에는 국경은 물론 밤낮조차 없어야 한다"는 총장님의 말씀은 이후 내 공부 과정에서 하나의 좌표와도 같았다. 왜냐하면 총장님의 말씀은 당시 내게 '저 거대한 자본의 벽을 넘어서기 위한 배움의 과정은 시공간마저 초월한 그 무엇이어야 하고, 그렇지 않으면 저 거대한 자본의 벽을 결코 넘어설 수 없다'는 것으로 이해되었기 때문이다. 시공간을 가리지 않는 배움에 대한 내 습관도 그때부터 형성되었다.

비록 그 이전도 그랬고 그 이후에도 김형옥 총장님과는 어떤 인연의 고리도 없었으므로, 총장님이 나와 관련된 에피소드를 기억하는지조차 알 수는 없다. 그러나 분명한 것은 어쩌면 사소한 듯 보일 수도 있는 총장님의 배려와 말씀이 『자본론』을 공부하던 내게 큰 은혜가 되었다는 사실이다.

3
노동가치론, 그리고 나의 유레카

설문대 할머니께서 방귀를 뽕뽕하고 뀌셨더니 하늘이 열리고 땅이 열렸어. 저 거대한 천지가 창조된 거야.

어린 조카들에게 몸짓 발짓 섞어 가며 제주의 천지창조 신화를 들려주면 모두가 깔깔 웃고는 했다.

환웅의 아버지이자 단군의 할아버지라는 하느님 환인이 어둡게 닫힌 우주를 열었다는 한반도와 동북아 지역의 천지창조 신화를 보든, 야훼 하나님이 천지를 창조했다는 성경의 천지창조 신화를 보든, 혼돈이 거대한 거인 반고를 품었던 중국의 천지창조 신화를 보든, 카오스가 대지의 여신 가이아 등을 탄생시킨 그리스의 천지창조 신화를 보든, 대부분의 천지창조 신화는 혼돈이나 카오스 상태에서 천지가 창조되었다고 얘기하는 공통점이 있다. 그러나 제주의 천지창조 신화처럼 여성 신을 등장시켜 유쾌하게 풀어 가는 경우는 어디에도 없다.

아마도 제주의 천지창조 신화가 만들어진 시기에 제주 사람들의 일상의 삶은 평온하고 행복했을 것이고, 화산섬 제주의 특성 때문에 화산 폭발의 기억이 있었을 것이고, 어머니를 중시하는 제주 고유의 성평등 문화가 신화에도 투영되었을 것이며, 천지창조 신화가 생성된 다른 지역들과는 달리 마을 공동 목장과 같은 형태로 원시공동체의 원형이 남아 있던 제주 고유의 사회경제적 토대와 이로부터 성숙한 행위 양식들이 반영된 결과 이렇듯 유쾌한 천지창조 신화가 생성된 것이리라.

어쨌든 신화의 영역은 이처럼 유쾌할 수도 있고 복잡한 감정선과 상상들이 어우러져 잔재미를 한껏 안겨 줄 수도 있으므로, 누구나 쉽게 접할 수 있고 예술과 오락의 소재로도 즐겨 사용된다.

그러나 내가 공부한 『자본론』의 영역은 신화의 영역과는 거리가 먼 학문의 영역일 뿐만 아니라, 열이면 열 모두 이구동성으로 어렵고 딱딱하고 지루하기까지 하다는 말을 쏟아 내는 영역이다.

내게도 처음에는 그랬다.

『자본론』 서문을 꼼꼼하게 살펴본 후 상품으로 시작하는 본문으로 들어가자마자 하나의 거대한 지적 장벽이 나를 막아섰다.

시작부터 가치value의 실체가 추상적 인간 노동이라는 사실
등을 이해하지 않으면 안 되었기 때문이다.

노동가치론은 간단히 말해 '추상적 인간 노동만이 가치의
실체이자 가치 창조의 비밀'이라는 사실에 기초해서 성립된 이
론이다.

정치경제학 3대 거장인 『국부론』의 애덤 스미스Adam Smith,
『정치경제학 및 과세의 원리』의 데이비드 리카도David Ricardo, 『자
본론』의 마르크스 모두 바로 이 노동가치론에 기초해서 자신들
의 토대를 세웠다. 굳이 구분하면 스미스에게는 유아기적 형태
로,* 리카도에게는 미성숙한 형태로,** 마르크스에게는 완숙한

---

   * 애덤 스미스는 『국부론』*An Inquiry into the Nature and Causes of the
Wealth of Nations*(1776)의 서문에서 "한 나라의 연간 노동은 그들이
연간 소비하는 생활필수품과 편의품 전부를 공급하는
원천"(『국부론』, 김수행 옮김, 비봉출판사, 2007, 1쪽)이라고 하여
노동을 부의 원천으로 삼았다. 그러나 여기서 애덤 스미스의 정리는
두 가지 측면에서 틀렸다. 첫째로, 우리가 소비하는 '생활 수단과
편의품'은 자연 소재를 인간 노동을 통해 형태 변화시킨 것으로,
따라서 이 측면에서 보면 부의 원천은 자연과 인간 노동으로
스미스에게는 부의 두 창조자의 하나인 자연이 없다. 둘째로, 가치의
측면에서만 보더라도, 우리가 소비하는 '생활 수단과 편의품'
대부분은 과거에 이미 생산된 원료나 보조 재료 및 기타 각종
생산수단을 가지고 인간 노동을 통해 형태 변화시킨 것이며, 따라서
연간 노동의 결과만이 아니라 과거 노동의 결과물이기도 하다.
스미스에게는 과거 노동이 없다.

   ** 데이비드 리카도는 『정치경제학 및 과세의 원리』*The Principles*

형태로 노동가치론이 이론적 뼈대 골격을 이루고 있다.

　다른 한편 노동가치론은 사실에 기초한 과학임에도 특히 자본가들이나 그 이데올로그들에게는 참으로 불편하고 성가시며, 쓰레기통에 처박고 싶은 이론이다. 왜냐하면 우리의 눈에 임금, 이윤, 이자, 지대(토지 등의 임대 수입), 세금 등의 형태로 나타나는 가치의 실체가 노동자들의 '추상적 인간 노동'이므로, 결국 자본가들이 가져가는 이윤, 이자, 지대(토지 등의 임대 수입) 형태의 가치로서의 거대한 부는 그 가치를 창조해 낸 노동자들에게서 여러 사회적 관계와 경로를 통해 가져가는 것으로, 마르크스의 정확한 표현대로 착취자가 되기 때문이다.

　그러므로 가치의 실체가 추상적 인간 노동이라는 사실을 정확히 이해한다는 것은 이윤 추구 동기에 따라 움직이고 있는 '자

of Political Economy and Taxation(1817) 제1장 제1절을 "한 상품의 가치, 즉 그 상품과 교환될 다른 어떤 상품의 양은 그 생산에 필요한 상대적 노동량에 의존하지, 그 노동에 대해 지급되는 보수의 많고 적음에 의존하지 않는다"(『정치경제학 및 과세의 원리』, 정윤형 옮김, 비봉출판사, 1991, 73쪽)라는 명제로 시작한다. 시작부터 임금과는 독립적으로 운동하는 노동량에 대한 통찰 등을 보여 주며 대단히 놀라운 여러 정리를 해냈지만, 리카도는 사용가치에 대응하는 구체적 유용 노동과 가치에 대응하는 추상적 인간 노동을 구분하지 못했고, 상품에 내재해 있는 가치와 이 가치의 표현인 교환가치를 구분해 내지도 못했다. 특히 리카도는 자본주의 사회질서를 자연 질서처럼 이해했기 때문에 자본의 소멸을 사유하지 못했다. 따라서 리카도에게 자본주의사회의 소멸의 법칙은 존재하지 않는다.

본주의사회 전체의 비밀'을 해명할 수 있는 핵심적인 키워드를 얻는 것과도 같다.

그런데 이 노동가치론 이해가 쉽지 않다.

심지어 노동가치론에 공감하며 동시에 '천재'라 불리기에 충분한 사회적 지성들에게도 노동가치론은 '이해하기 힘든 과학'이다. 예를 들어, 한국의 대표적인 노동가치론 연구자 가운데 한 사람이었던 고 정운영 교수(경기대학교 경제학, MBC〈100분 토론〉의 초대 진행자)는 '왜 인간 노동만 가치를 창조하는가, 말의 노동은?'과 같은 취지의 스스로의 여러 의문을 풀지 못하고, 노동가치론을 과학의 영역에서 신념의 영역으로 치환시켰다.

그렇지만 그때는 정말 몰랐다. 나 같은 생초짜가 풀기에는 너무나 어려운 문제로, 이해 불가의 영역이라는 사실을 진짜 몰랐다. 그저 『자본론』을 읽었다는 수많은 이들은 쉽게 이해한다는 것을 나는 왜 이해하지 못하나, 나는 정말 왜 이렇게 머리가 나쁜가를 한탄했을 뿐이다. 몇 달을 끙끙거렸으나 답은 나오지 않았다. 내 아둔한 머리로는 이해 불가였고, 『자본론』 공부를 접어야 하는 것은 아닌지 고민까지 했다.

고민 끝에 독학 과정의 은사 김수행 교수님께 전화를 걸어 내가 직면한 문제에 대해 하소연까지 해 봤지만, 마르크스의 서술 방법대로 이해하는 것 이외에 현재로서는 다른 뾰족한 수가 없다고 하셨다. 그렇지만 교수님은 내게 한 가지 희망을 주셨다.

자네처럼 (가치의 실체가 추상적 인간 노동이라는 사실을 마르크스와는)
다른 접근 방법을 통해 이해하려고 노력하는 친구를 지금까지
본 적이 없네. …… 과학과 학문은 자네처럼 열정적으로 고민하
는 사람들에 의해 발전해 왔고, 내가 보기에 자네에게는 충분한
가능성이 있어.

김수행 교수님 같은 『자본론』 대가가 내게서 이런 가능성을
보시다니 참으로 감격이었고, 그날 이후 나는 좋은 기분으로 들
떠 있었고, 어쩌면 나도 문제를 풀 수 있을 것이라 기대할 수 있
게 되었다.

그러던 어느 날 마치 마법처럼 한 가지 생각이 머릿속을 스
쳤다. 생산 없는 부의 증가는 없지 않은가. 그러고는 마르크스가
『자본론』에 적용한 세 가지 방법론(연역법, 분석법, 유물론적 변증
법) 가운데 일반 원리에서 출발하는 연역법이 자연스럽게 내 두
뇌를 감쌌다. 고민했던 난제가 드디어 풀렸고, 그렇게 아르키메
데스의 유레카Eureka(알아냈어)가 나에게도 왔다.

첫째, 전체적인 관점에서 보면 생산 없는 부wealth의 증대는
없다. 어떤 형태의 생산도 포함하지 않는 생산 이외의 영역에서
는 오직 부의 이전 현상만이 발생할 수 있을 뿐이다.

둘째, 따라서 부의 원천은 오직 생산 영역에만 있다.

셋째, 생산 영역에 있는 부의 두 원천은 인간 노동에 의해 변

형된 생산수단을 포함하는 토지 자연과 인간 노동이다. 그리고 이런 이유로 정치경제학의 창시자 가운데 한 사람인 윌리엄 페티William Petty는 "노동은 물질적 부의 아버지이고, 지구 자연은 그 어머니"라는 명언을 남겼다.

넷째, 상품에는 부의 두 요소가 있다. 인간의 다양한 소비 욕망을 직간접적으로 만족시키기 위해 자연 소재를 형태 변환시킨 사용가치로서의 부와 현상에서는 화폐로 측정되는 부인 가치로서의 부가 바로 그것이다.

다섯째, 가치value(사용가치가 아니라 '가치')는 예컨대 환율이나 주식 가격처럼 오직 인간과 인간들 사이의 사회적 관계에서만 발생하는 것으로, 어떤 자연적 요소도 포함되지 않는다. 다시 말해 가치는 결코 말과 인간과의 관계나 또는 기계와 인간 사이의 관계나 또는 자연과 인간 사이의 관계에서 발생하는 것이 아니라, 오직 인간들 사이의 사회적 관계에서만 발생한다.

여섯째, 따라서 가치로서의 부의 실체는 오직 생산 영역에만 있는 부의 원천 중에서 자연적 요소가 완전히 배제된 순전히 사회적인 것이어야 하며, 이 조건을 충족할 수 있는 유일한 것이 바로 마르크스가 밝힌 추상적 인간 노동이다.

이와 같은 논리 전개와 함께 마르크스의 서술 방법을 접목시키자마자 가치의 실체가 추상적 인간 노동이라는 사실이 명확히 이해됐고, 이런 사실을 둘러싼 또 다른 난제들도 단순 명쾌하게 풀렸다.

　참고로 우리 사회의 지배적인 경제학 담론은 '주관적 가치'
니 '희소성'이니 하는 말로 진실을 은폐하고 있다. 물론 판매자
나 구매자의 주관적 의지에 따라 상품에 대한 가치 평가는 달라
질 수 있고, 상품의 가치보다 더 비싸게 팔리거나 싸게 팔릴 수
도 있으며, 경우에 따라 공짜도 될 수 있다. 희소성 또는 희소가
치 역시 마찬가지로 상품에 대한 가치 평가에 영향을 미친다.

　그러나 이에 따라 상품이 자신의 가치 이상 또는 이하로 팔
렸을 때 가치로서의 부가 새롭게 창조되는 것은 아니다. 그것은
다만 부의 이전 제로섬 현상만을 설명해 줄 수 있을 뿐이다.

　지배적인 경제학 담론이 즐겨 애용하는 물과 다이아몬드의
거래를 보자.

　1원의 가치가 있는 물을 가진 사람이 있고, 1억 원의 가치가
있는 다이아몬드를 가진 사람이 있다. 1억 원의 가치가 있는 다
이아몬드를 가진 사람이 망망대해를 표류하면서 물이 너무나
절실해졌고, 망망대해에서 1원의 가치가 있는 물을 가진 사람을
우연히 만나 자신의 다이아몬드를 내주고 물을 얻는 거래를 했
다고 하자.

　거래의 결과, 물을 가지고 있던 사람은 1억 원의 다이아몬드
를 얻었고 떼돈을 벌었다. 자신의 다이아몬드를 내주고 물을 얻
은 사람도 손해는 보았으나 절실히 필요했던 물을 얻을 수 있어

만족했다. 만사형통이다.

그러나 거래의 결과 어디에도 새롭게 창조된 가치로서의 부는 없다. 전체로 보면 처음에 1억 1원의 가치(물 1원 + 다이아몬드 1억 원)가 있었고, 거래 후에도 1억 1원의 가치(다이아몬드 1억 원 + 물 1원)가 있을 뿐이다. 부의 이전 현상만 있었고, 한쪽에서의 부의 증가는 다른 쪽에서 부의 손실로 제로섬 현상만 동반했을 뿐이다.

어쨌든 나를 막아섰던 하나의 거대한 지적 장벽이 허물어진 이후 나의『자본론』공부 과정은 즐거움의 연속이었다. 이에 대해 2000년 9월경『월간 말』에 기고한「내가 자본론을 강의하는 이유」라는 글에서 나는 다음처럼 썼다.

수많은 책이나 그리 많지 않은 경험 또는 시시각각 변화하는 현상들을 통해선 도무지 객관적으로 이해되지 않던 것들을 이해하기 위해서 고심 끝에 펼쳐 든 책『자본론』. 이렇게 해서 내 삶 속으로 들어온『자본론』은 ─ 기대에 어긋나지 않게 ─ 우선 내게는 도무지 이해되지 않던 사회적 환경을 이해할 수 있는 일반 원리들과 실마리들을 제공해 주었고, 이는 개인적으로 볼 때 크나큰 즐거움이었다 한마디로『자본론』을 독해하는 과정에서 나는 깨달음의 환희를 맛보고 있었다.

아마도 "학문에는 지름길이 없다"는, "오직 피로를 두려워하지 않고 학문의 가파른 오솔길을 올라가는 자만이 학문의 빛나는 절정에 도달할 수 있다"*는 마르크스의 정당한 충고에 따라 그리고 주어진 자료를 낱낱이 세분해서 그 의미들을 파악할 것을 요구하는 "분석의 원리"에 따라 『자본론』을 독해하던 지난 20대의 젊은 나날들만큼 즐거웠던 시절은 다시 오지 않을 듯하다.

열이면 열 모두 이구동성으로 어렵고 딱딱하고 지루하기까지 하다는 말을 쏟아 내는 『자본론』, 그런데 이런 『자본론』을 판타지 소설 이상으로 재미있고 유쾌하게 읽었다는 내 얘기를 들은 어떤 이는 그랬다.

그 딱딱한 책이 재미있고 유쾌할 수 있다니 신기하네요. 별종이 아니고서야 어떻게 그런 일이 가능한지 저로서는 잘 이해가 되지 않네요.

그러나 다시 생각해 보면 내가 특별히 별종인 것도 아니다. 아니, 누구나 그렇다. 절실히 원하는 것을 맘껏 할 수 있고 그 보

---

* 카를 마르크스, 「불어판 서문」, 『자본론』 제1권, 김수행 옮김, 비봉출판사, 2015, 21쪽.

상도 충분히 만족할 만하다면, 어찌 유쾌하고 즐겁지 않을 수 있겠는가. 약간 유별난 구석은 있으나 대체로 평범했던 내게 위대한 천재 마르크스의 통찰과 깨달음의 환희가 쏟아지는데 즐겁지 않은 것이 오히려 이상한 것 아닌가.

사람에 따라서는 제주의 설문대 할망께서 방귀 뽕뽕으로 천지를 창조한 얘기만큼이나 유쾌하고 재밌게 읽을 수 있는 책, 그것이 바로 『자본론』이다.*

* 이와 관련된 내 글로는 「자본론은 쉽다/어렵다?」와 「자본론을 제대로 이해하려면?: 자본론을 읽는 법 등」, 「교환은 부를 창조하지 않는다!」, 「상품의 사용가치와 가치, 그리고 교환가치 등에 대해」, 「상품가치의 실체, 생산적으로 지출된 사회적 필요노동」, 「노동가치론 이해에서 주의 사항: 법칙들(13)」 등등이 있다. 내 블로그에서 검색하면 찾을 수 있다.

4
배움을 갈망하는 자, 모름을 솔직히
인정하고 누구에게나 겸손히 배워야 한다

넉넉한 인품을 소유한 사회학자, 진리를 추구하는 학자의 기본적인 태도를 올곧게 지키며 평생을 노동운동의 성장, 민주주의 진전, 노동의 정치(진보 정치) 실현을 위해 불나비 같은 삶을 살았던 분, 우리 사회의 진보를 위해 자신을 아낌없이 불살라 주셨던 진보의 거목. 고 김진균 교수님(서울대학교 사회학)을 아는 이라면 대체로 공감할 수 있는 평가일 것이다.

구체적인 입장은 확연히 달랐으나, 나도 이와 같았던 교수님과 짧지만 깊은 은혜를 입은 인연이 있다. 인연의 시작은 1989년 교수님이 제주도에 강연을 오셨을 때 강연의 끝자락에 질문을 하면서부터다. 내 질문은 다음과 같았다.

"코뮌 만세!"Vive La Commune! 라는 뇌성과 함께 일어섰던 최초의 노동자계급의 정부 파리코뮌은 당시 저발전된 프랑스 자본주의의 이행을 촉진하고자 했습니다. 또한 마르크스는 분명히 (『자본론』서문에서) 말했습니다. 사회의 발전 단계를 뛰어넘을 수도 없고 법령으로 이를 폐지할 수도 없지만, 발전의 진통을 경감할 수 있다고. 즉, 마르크스가 옳게 이해했듯이, 혁명정부 파리코뮌이 그러했던 것처럼 저발전된 자본주의 상태에서도 새로운 사회로의 이행을 촉진할 수 있습니다. 그런데 오늘 교수님 강연 내용은 새로운 사회로의 이행은 자본주의의 일정한 발전 단계를 전제할 필요가 있다는 얘기로 들립니다. 지금 논의되고 있는 자본주의 발전 단계론에 무언가 큰 문제가 있는 것은 아닙니까.

내 질문을 진지하게 경청하신 교수님의 대답이 내게는 참으로 놀랍게 다가왔다.

매우 중요한 질문을 하셨습니다. 그러나 내가 생각하지 못했던 부분이고 따라서 저는 명색이 사회학자임에도 연구조차 하지 못했습니다. 제가 모르기 때문에 저는 현명한 답변을 드릴 수 없습니다. 제가 아는 건 이 분야를 연구하신 분이 누구누구 몇 분이 있는데, 그분들 중 누군가는 해답을 드릴 수 있을지도 모르겠습니다. 필요하다면 강의 끝나고 그분들 연락처를 드릴 수 있고 제가 소개해 드릴 수도 있습니다.

    교수가 다수의 학생 앞에서 자신의 무지나 모름을 인정하는
건 쉽지 않은 일이다. 자신의 권위나 자긍심 등이 상처받는 게
싫은 대다수의 반응은 모름을 인정하기보다는 관계없는 지식을
끌어들여 둘러대기 십상이다. 그런데 김진균 교수님은 그러하
지 않았고, 자신의 모름을 진솔하게 인정하는 답변을 내놓으며
나를 놀라게 했다.

    강연 후 모름을 진솔하게 인정하는 교수님의 답변이 참으
로 인상적이었다는 내 얘기에 교수님이 말했다.

    배움의 출발점은 모름입니다. 모르기 때문에 배우고자 하는 것
    입니다. 배움을 갈망하는 자라면 당연히 모름을 솔직히 인정해
    야 하며, 누구에게나 겸손히 배워야 한다고 저는 생각합니다.

    학문하는 자의 기본적인 태도가 어떠해야 하는지 김진균 교
수님 그이의 얘기를 통해 그때 처음으로 나는 '피부로' 느꼈다.

    공자의 "민이호학 불치하문"敏而好學 不恥下問(영민하고 배우기
를 좋아하는 자, 자기보다 못한 사람에게 묻는 것을 부끄럽게 여기지 않는
다)이나 마르크스의 "어떤 국민이든 다른 국민으로부터 배워야
하며 배울 수 있다"는 얘기를 익히 알고는 있었으나, 내가 이를
활자화된 문자가 아니라 피부로 느끼고 나의 것으로 소화할 수
있었던 건 전적으로 김진균 교수님 덕분이다.

교수님 덕분에 이후 나는 모름에 대한 인정과 동시에 배움을 위한 물음에 거침이 없어졌고, 한 걸음 더 나아가 "무지는 충분한 이유가 될 수 없다"(따라서 스스로 무지를 벗어나기 위해 끊임없이 탐구하고 노력할 필요가 있다)는 철학자 스피노자Baruch Spinoza의 가르침까지 나의 것으로 소화할 수 있었다.

참고로, 김진균 교수님과의 질의응답은 기존의 자본주의 발전 단계론(특히 레닌Vladimir Lenin의 선례에 따르는 국가독점자본주의론)에 어떤 치명적인 결함이 있음을 확신하는 계기이기도 했다. 독학 과정의 은사이신 김수행 교수님의 『자본론 연구』(한길사, 1988)라는 책을 검토할 때만 해도, 기존의 발전 단계론에 무언가 문제가 있다는 막연한 의문 정도가 있었으나, 『자본론』 공부 과정에서 반드시 연구해야 할 주제로 전환된 것이다.

그러므로 김진균 교수님이 결코 의도하지는 않았으나, 이후 연구 과정을 통해 밝힌 나의 두 가지 결론, 즉 "자본주의 최초의 발전 단계는 사적 소유 자본주의이고, 바로 이 사적 소유 자본주의가 자본주의적 발전을 거치는 과정에서 필연적으로 자본주의 최후의 단계인 주주 자본주의 시대로 이행하는 것이며, 끝으로 주주 자본주의 시대는 자유인들의 연합으로 이행하는 필연적인 이행점이다"라는 결론과 "소비에트 유형의 사회주의(국가주의 사회)를 정당화하는 과정은 동시에 자본주의 발전 단계와 자유로운 공동체로의 이행과 관련된 과학적 관점을 실종시키는 것이었다"라는 결론의 최초의 출발점을 제공해 준 사람은 교수님이라고 해도 무방하다.

어쨌든 첫 인연의 짧은 질의응답은 김진균 교수님에게도 깊은 인상으로 남으셨던 듯싶다. 그로부터 거의 10년이 지난 1997년 대선 당시 내가 민주노동당의 전신이었던 '권영길 대통령 후보 선거대책본부 민주와 진보를 위한 국민승리21'(약칭 '국민승리21')에 경제정책 담당자로 결합했을 때, 국민승리21 공동 대표의 한 사람이었던 교수님이 나를 먼저 알아보셨기 때문이다.

참 오랜만이네. 김수행 교수에게 자네 얘기 많이 들었네. 『자본론』을 DNA 수준으로 분석한 자네라면 충분히 (노동의 정치 실현을 위한) 실마리를 찾아낼 수 있을 거야.

과거 한 번의 짧은 만남이 인연의 전부였음에도, 교수님은 처음부터 권영길 대표나 내 오랜 벗 이재영만큼이나 나를 존중하며 신뢰하고 또 격려해 주셨다. 권영길 대표가 "나는 송태경 동지를 1997년 만났을 때부터 애정과 존경의 뜻으로 송 박사라고 부르고 있다"며 늘 나를 존중하고 신뢰해 주셨던 것처럼, 교수님 그이도 나를 만날 때마다 "역시 자네야"라는 말로 신뢰의 끈을 놓지 않으셨다.

내가 1997년 국민승리21 사무실에서 "IMF(국제통화기금) 구제금융의 위험성도 모르는 사람들은 퇴보 세력이지 어떻게 진보냐" 등의 독설을 퍼부으며 아주 까칠하게 소란을 피웠을 때도 그러했고, 6박 7일을 거의 밤샘을 하며 엉성하게나마 국민승리 21의 경제 종합 대책을 정리했을 때도 그러했고, 민주노동당의 성장을 가능하게 했던 최초의 대안적 정치 운동이라 평가할 수 있는 1998년 국민승리21 실업대책본부의 배후에서 내가 노동·실업 정책을 정리했을 때도 그러하셨다.

한마디로 내 『자본론』 공부 과정에서 모름에 대한 인정과 동시에 배움을 위한 물음에서의 거침없음은 존경할 만한 학자이자 진보의 거목이었던 김진균 교수님의 소중한 조언이 있었기에 가능할 수 있었으며, 이런 신뢰와 격려는 내 사회적 실천에서도 참으로 든든한 힘이었다.[*]

[*] 나는 김진균 교수님 그이에게 한 가지 깊은 죄스러움도 남아 있다. 2004년 2월 교수님 그이가 자신의 평생의 꿈 중 하나인 노동의 정치 실현을 목전에 둔 채 삶을 마감했을 때, 나는 교수님을 조문하지 않았다. 조문을 가기보다는 이제 막 원내 진입을 눈앞에 둔 진보정당의 경제정책 담당자로서 내가 조금 더 과로하는 것이 내가 아는 김진균 교수님의 뜻에 맞는다는 핑계로 나를 정당화했다. 교수님을 조문하고 돌아온 내 오랜 벗 이재영은 이런 내게 마음의 짐이 될 거라 얘기했었는데, 이재영이 결국 옳았다. 잠깐 시간을 빼 짧지만 깊은 은혜를 주셨던 교수님을 추모한다고 해서 달라질 것은 아무것도 없었음에도 나는 그리했고, 교수님 그이에 대한 내 죄스러움이 되었다.

5
꿈을 가진 자, 충분히 준비하라

나의 『자본론』 공부 과정은 가난이라는 경제적 고통과 제주도라는 공간적 한계로부터 자유로울 수 없었다. 가장 치명적이었던 건 공부 과정에 필요한 논문들을 손쉽게 확보할 수 없었던 부분이다.

예컨대 독일의 경영 참가 제도를 다룬 논문, 미국의 종업원 소유 제도Employee Stock Ownership Plan, ESOP를 다룬 논문, 스웨덴 임노동자 기금(또는 임금소득자기금wage earner fund)을 다룬 논문,* 스

---

* 스웨덴 임금소득자기금 또는 임노동자 기금은 임금과 이윤으로 기금을 조성하여 '노동자들의 소유'를 촉진한다는 최초의 구상과는 달리 변질되었다. 즉, 진행되는 과정에서 '노동자들의 소유'는 실종되었고, 실제 운영에서 소유 주체는 노동자들이 아니라 '중앙 기금'과 독립적으로 운영되는 '다섯 개의 지역 기금'(즉, 법인격의 소유)이었다. 그것은 다만 노동조합의 영향력 아래에 있는 투자 기금의 새로운 형태에 불과했던 것으로, 결국 실패했다. 이와

페인의 몬드라곤 협동조합 복합체를 다룬 논문 등은 자유로운 공동체로의 이행의 문제를 이론적으로든 실천적으로든 풀어 가고자 할 때 반드시 검토해야 할 대상이었다. 그러나 가난이라는 경제적 고통은 논문 확보에 필요한 최소한의 비용조차 마련하기 어렵게 했다. 또한 지금처럼 인터넷이 발전하기 이전 시절의 제주도라는 공간적 한계로 말미암아 당사자나 관련 전문가를 찾아가 도움을 구하거나 도서관 같은 논문의 소재지를 찾아가 자료를 검토하는 것조차 어려웠다.

다시 말해 내가 소화한 『자본론』의 일반 원리와 방법론에 따라 관련된 사안들의 구체적인 내용들을 상세히 검토하고 그 의의와 한계를 알고자 하는 열망은 강렬했으나, 가난과 공간적 제약으로 말미암아 『자본론』 공부에 필요한 논문을 유기적으로 검토하는 것이 매우 어려웠다.

그러나 항상 그랬던 것은 아니다. 상당 부분은 제주대학교 도서관과 존경하는 이지훈 선배(전 제주참여환경연대 대표)가 운영했던 사회과학 서점을 통해 해결할 수 있었고, 특히 유고의 자주 관리 제도에 대해서는 존경하는 고충석 교수님(행정학, 전 제주대 총장)의 도움을 받을 수 있었다.

관련된 내 글 「스웨덴 임금소득자기금의 배경·내용·결과·평가」를 부록에 실었다.

경영학이나 정치경제학을 심도 있게 연구한 연구자들에게 는 상식에 가깝게 알려져 있듯이, 요시프 브로즈 티토Josip Broz Tito (1892~1980)의 유고는 소비에트연방의 내정 간섭 등에 반대해 독자 노선을 걷는 과정에서 자신들의 이론적·사상적 근거를『자본론』에서 찾았고, 그들의 이른바 '분권형 시장 사회주의' 또는 '자주 관리 제도'를 마르크스의 '자유인들의 연합'이라는 개념을 끌어들여 정당화했다.

따라서『자본론』공부를 통해 20세기가 결코 이해하지 못 했던 19세기의 위대한 발견 '자유인들의 연합'(자유로운 공동체) 을 사회의 전면으로 끌어올려야 한다는 결론에 도달했던 나로 서는 유고의 '분권형 시장 사회주의' 또는 '자주 관리 제도'를 구 체적으로 검토하고 그 의의와 한계를 파악하는 것이 누구보다 도 절실했다.

1991년 10월쯤으로 기억한다.

유고의 자주 관리 제도에 대한 박사 학위논문의 저자가 제 주대 교수로 있으며, 마침 자신의 박사 학위논문을 책으로 냈 다는 사실을 알게 됐다. 정말 뛸 듯이 기뻤고, 막무가내로 연구 실로 찾아가『자본론』을 공부하는데 이와 관련해서 유고의 자 주 관리제를 검토하고 싶다며 책을 한 권 달라 했다.

저자 사인까지 해서 이것저것 묻지도 않으시고 흔쾌히 주셨 다. 정말 감동이었고, 절실히 원했던 정보였던 탓인지 이틀 밤을 새워 단숨에 읽어 내렸다.

검토의 결과, 유고 자주 관리제의 대강은 국가의 중앙 통제가 필요하다고 생각되는 분야를 제외한 나머지 기업들을 국가의 기본 단위인 코뮌(한국에 비유하면 지방자치단체)이 소유하고 여기에 민주적으로 운영되는 노동자 평의회와 독립채산 제도를 접목한 것으로, 마르크스의 '자유인들의 연합'과는 동떨어진 것이었다. 나는 검토의 결과를 내 책『자유인들의 연합체를 위한 선언』(자유인, 1993)에서 다음과 같이 쓸 수 있었다.

자유인들의 연합체, 이 생동감 있는 언어에 대해서 사물에 피상적인 관찰자들은 유고에 대해 말하는 것이 아닌가라는 질문을 하거나, 또는 더더욱 우습게는 유고는 이미 끝장난 농간이라고 조소하기도 한다. 형식과 내용이 충분히 다를 수 있다는 이 단순한 사실을 망각하기를 고집하는 사람들에게는 스피노자의 다음과 같은 능란한 이빨 솜씨면 충분할 듯하다. "무지는 충분한 이유가 못 된다."

노동자들 자신들의 소유와 국가의 기본 단위인 코뮌이 생산수단을 소유하는 것은 아무런 관련이 없다. 내가 예수나 공자나 맹자의 이름을 사칭했다고 해서 그들과 동일한 사람이 아니라는 것과 마찬가지로, 유고의 실천 과정에서 자유인들의 연합체라는 용어를 사용했다고 해서 유고가 그 내용에 있어서 마르크스 고유의 의미로서 자유인들의 연합체를 실현한 것은 아니다. 이 정도는 너무나 단순한 사실이 아닌가.*

어쨌든 이와 같은 일이 있고 난 한참 후, 우연히 나는 교수님 차에 동승할 기회를 얻었고 이런저런 얘기 끝에 지금도 내 두뇌 속에 다음처럼 선명히 남아 있는 얘기를 해 주셨다.

기회나 행운은 모든 사람에게 찾아올 수 있어. 그런데 준비된 사람이 아니면 그 기회나 행운이 현실이 되는 경우 거의 없어. 강태공의 기다림도 준비가 없었다면 쓸모없었을 거야. 준비되지 않은 사람에게 기회나 행운은 (거의) 현실이 될 수 없어. 복권 당첨 확률과 같다고 해야 옳을 거야. 그러므로 꿈을 가진 자는 준비를 해야 해. 태경이 너는 큰 꿈을 품고 있으니 누구보다도 더 많은 준비가 필요할 거야.

* 내 책 『자유인들의 연합체를 위한 선언』은 온통 오탈자투성이고, 심지어 이곳저곳 부정확하거나 불명료한 부분도 있다. 여기에도 이유가 있다. 나는 이 책의 초고를 15일 만에 거의 잠도 자지 않고 썼다. 출판을 생각한 것이 아니라 자기 정리를 위해서 그리했던 것인데, 초고를 본 이선근 선배가 사회과학 서점들이 문 닫기 시작하던 때라 여유가 없다며 교정도 보지 않고 출판을 강행해 버렸다. 그래도 덕분에 1쇄 5000권 전부가 팔려 나갈 수는 있었다.

41

그리고 그때 교수님의 말씀은 이후의 실천 과정에서도 큰 도움이 되었지만, 당시 내가 가졌던 꿈 가운데 하나였던 『자본론』 전문 강사로서의 꿈과 관련해서도 결정적인 것이었다. 내가 『자본론』을 나름 완벽히 소화하는 것에서 한 걸음 더 나아가 제3자도 이해시킬 수 있는 수준으로 나를 다듬게 했기 때문이다.

이처럼 내 『자본론』 공부 과정에는 "꿈을 가진 자, 충분히 준비하라"며 응원해 주셨던 고마운 분이 계셨고, 그분 고충석 교수님은 여전히 나를 응원해 주신다. 참으로 고맙습니다, 교수님.*

* 서울 상경 후 떠돌이 생활을 하다 보니, 나는 두 가지 소중한 것을 잃어버렸다. 하나는 연구 노트 스물네 권(이 중 일부가 내 책 『자유인들의 연합체를 위한 선언』, 『소유문제와 자본주의 발전단계론』, 『산업순환 현상』이 되었다)이고, 다른 하나가 고충석 교수님의 저자 사인 책이다. 참고로 내 페이스북에 올린 이 글을 보시고 고충석 교수님은 다음과 같은 댓글을 달아 주셨다. "태경아. 오늘 아침 우연히 자네 글을 읽게 되었다. 평소에 페이스북 잘 안 보는데, 그래도 오랜 시절 이야기 기억해 줘 고맙다. 세속적 출세는 아니지만 누구보다 제주대 출신 송태경을 자랑한다. 그리고 자네 삶을 존경한다. 유고 관련 책은 지금도 몇 권 있으니 제주에 오면 식사도 사고 책도 주마." 내 배움의 길에서 늘 고맙고 감사한 분, 고충석 교수님이다.

6
내 인생의 최대의 행운,
김수행 교수님을 알게 되다

내게는 1986년 군 입대 무렵 태어난 조카가 있다. 많이 영특했다. 세 살 무렵 이미 글을 깨우치고 단순 덧셈 뺄셈도 했으며, 이것저것 가르쳐 주면 열정적으로 반응했다.

그렇게 배움에 열정적인 어린 조카를 보며 나는 작은 깨달음을 얻었다.

이 어린 것도 배움을 갈망하는데 나라고 못 할 바는 아니지 않느냐.

이처럼 내 배움에 대한 열정의 시작은, (나의 사회적 실천의 배후에 있는 나의 어머니의 참혹했던 가족사와 외할머니의 통곡과 간절한 부탁을 별개로 하면*) 어린 조카를 보며 얻은 작은 깨달음부터다.

더구나 그때의 그 작은 깨달음은 내 인생에서 가장 소중한 인연이자 『자본론』 독학 과정의 유일한 은사 김수행 교수님을 알게 되는 행운으로 이어졌다. 어린 조카 덕분에 나도 무언가를 공부해야겠다는 열정에 사로잡힐 수 있었고, 1988년 8월 군 제대 직후 들렀던 서점에서 교수님의 책 『자본론 연구』를 마주하게 된 것이다.

정치경제학.

간단히 정의하면, 인간 삶의 물질적 토대인 경제적 생활 과정과 이에 대응하는 경제적 관계들(자본과 임노동 관계 등)과 상호작용하는 형태들(가격이나 화폐, 이윤과 같은 경제적 형태들이나 기타

---

* 고향 마을을 떠나 제주시로 가족이 이사 가기 전날, 외할머니는 영문도 모르는 여섯 살의 어린 나를 부둥켜안고, 몇 번이고 같은 말을 반복하고 다짐을 받으며 참으로 슬피도 우셨다. "4.3 고튼 거 어시게 간세 허지마랑, 아라시냐. 하루방 살아시믄 잘 고라실 걸"(4.3 같은 비극이 없게 게으름 피우지 말고, 알았니! 할아버지가 살아 계셨으면 잘 얘기해 주었을 텐데). 당시 외할머니의 슬픔은 단순히 사랑하는 외손자를 멀리 보내는 그런 유형의 슬픔은 전혀 아니었다. 그것은 자신의 쓰라린 한을 풀어 달라는 통곡이었고, 외할머니가 그나마 부여잡고 있던 실오라기보다 더 가는 그렇지만 너무나 애절하고 절박한 바람이었다. 내가 외할머니의 통곡과 바람의 의미를 제대로 알게 된 것은 대학 입학 후였고, 그 의미의 핵심에는 제주의 장두정신狀頭精神이 있었다. 그리고 이것이 공동체 이웃들의 삶을 위해서라면 자신의 삶은 초개처럼 취급했던 제주 장두들의 정신이 내게 있게 된 이유이기도 하다. 이와 관련된 내 글 「나의 어머니」, 「어머니, 그리고 제주 4.3으로 응어리진 어머니의 가족사」를 부록에 실었고, 〈레디앙〉 기고문 「제주 4.3과 외할머니에 대한 기억」(2011/04/01)은 내 블로그에서 검색하면 찾을 수 있다.

행위 양식들)을 연구·이해하고, 이로부터 발생하는 문제들을 해결하려는 학문으로, 경제학의 본래 이름이다.

다시 말해, 우리 사회의 지배적인 경제학 담론이 경제적 생활 관계 그 자체의 치명적인 결함들과 모순들에 대해서는 무관심한 채 '자원의 효율적인 배분'만을 목표로 하는 반면, 경제학의 본래 이름인 정치경제학은 주어진 경제사회를 관련된 전체로 이해하기 위한 학문일 뿐만 아니라, 주어진 경제사회의 모든 문제를 해결하기 위한 사회적·정치적 실천까지도 요구하는 실천 학문이다.

그러나 나는 김수행 교수님의 『자본론 연구』를 접하기 전까지 『자본론』이 그 전까지의 정치경제학을 집대성한 책이라는 사실을 제대로 몰랐다. 비록 고교 시절 나를 매혹시켰고 지금의 내 삶의 신조이자 좌표인 '사회적 사랑'을 체감하게 해 준 에리히 프롬Erich Fromm의 여러 저서와 기타 간접 서적을 통해 마르크스가 정치경제학을 비판적으로 연구했다는 얘기를 듣기는 했으나, 『자본론』은 마르크스주의 사상서라는 그릇된 통념으로부터 자유롭지 못했다.

그랬다. 그때까지만 해도 나는 매우 우둔하게도 정치경제학을 정치하는 데 필요한 경제학 또는 경제학에서 특화된 분야 정도로 오인했고, 에리히 프롬의 영향 때문에 언젠가 한 번쯤은 살펴봐야 할 주요한 사상서쯤으로 『자본론』을 생각했다.

그런데 이와 같았던 나의 통념이『자본론 연구』를 보면서 근본적으로 깨졌다.

비록 너무나 은혜로웠던 스승 김수행 교수님은『자본론 연구』에서도 그랬고, 교수님이 삶을 마감하는 순간까지도 '마르크스주의'로부터 자유롭지 못하셨으나, 교수님의 책을 통해 나의 통념은 깨졌고, '정치경제학이라는 독특한 학문'을 다룬 책으로『자본론』이 다가왔다.

정말 다짜고짜 교수님 연구실로 전화했다.

교수님 책을 봤습니다. 잘 이해는 못 했지만, 교수님처럼『자본론』공부를 하고 싶습니다. 독일어는 할 줄 모르고, 영어만 서툴게 번역할 수 있는 수준인데 엥겔스Friedrich Engels가 번역했다는 영어판 원서도 있나요?

김수행 교수님은 이런 내게『후기 자본주의』*Late Capitalism**의 저자 에른스트 만델Ernest Mandel이 감수한 펭귄판『자본론』이 최고라고 추천해 주셨고, 교수님 자신도 조만간 이해될 수 있는 형태로 번역본을 낼 거라 하셨다.

* 국역본으로,『후기 자본주의』, 이범구 옮김, 한마당, 1985가 있다.

내 인생에서 가장 소중한 인연 김수행 교수님과의 인연은 이렇게 시작되었다.

특히 교수님 그이의 책 『자본론 연구』는 나의 『자본론』 입문서이기도 했지만, 내가 공부 과정에서 두 가지 연구 주제를 고민하도록 만든 계기이기도 했다.

그 하나는 자본주의경제의 순환(산업 순환Industrial cycle, 지배적인 경제학 담론에서는 경기순환Business cycle) 및 위기 또는 공황crisis or panic 문제를 마르크스가 『자본론』에서 어떻게 이해했는가 등을 소상히 검토하는 것이었고, 그리고 이는 종전의 학설들과 달리, "전쟁이나 법 제도 등 경제 외적 변수들에 의해 촉발되는 경제 위기나 공황을 제외하면 그 근본적인 원인은 자본 자체에 있다"는 결론으로 이어졌고, 나는 이를 "경기순환에 관한 논의를 한 걸음 진전"시켰다는 평가를 받은 내 책 『산업순환 현상: 자본주의 경제의 주기적인 변동에 대해』(자유인, 1995)에 고스란히 담을 수 있었다. 참고로, 오해의 소지가 없게 여기서 다음의 사정을 밝혀 두고자 한다.

내가 『산업순환 현상』을 내놓은 이후 두 번의 대공황이 있었다. 동남아 위기 및 IMF라는 말을 일상화시킨 1997, 98년 한국 경제의 구조적 위기(경기순환의 1국면으로서의 위기 또는 공황이 아니라, 재벌이라는 이름으로 축약되는 한국 경제에 독특했던 자본의 문제들과 시장 자유주의 정책이 맞물리면서 촉발된 위기)와 2008년 이른바 미국의 서브프라임 모기지 사태로 촉발된 미국발 세계경제 위기다. 그리고 이 두 개의 대공황에 대한 경험으로 충분하듯이, 각각의 경제 위기 또는 공황은 그 직접적인 주요 원인과 계기들이 다 제각각일 수 있다. 다시 말해, 현실의 경제 위기 또는 공황은 그것이 설령 경기순환의 1국면으로서의 공황이라고 하더라도, 내 책에서 이론적으로 전개한 것처럼 순수하게 나타나지는 않는다.

다른 하나는 『자본론』 제2권 제3편 '사회적 총자본의 재생산과 유통'(이른바 '재생산 표식')을 마르크스와는 다른 시각에서 검토할 필요성을 느꼈다는 것이며, 그리고 이는 나의 정리 「새로운 사회를 위한 재생산 표식」으로 이어졌다.*

즉, 자유인들의 연합의 첫 단계 등을 가정하여 자본이나 국가로 귀속되는 잉여가치가 0일 때 사회의 총 재생산과 유통은 어떻게 되는가를 검토했고, "자유로운 공동체에서는 설령 상품과 화폐 관계가 소멸되지 않은 채 존재하더라도 국가나 중앙 계획 당국에 의한 생산의 통제는 불필요하며, 필요한 것은 생산의 실질적 당사자들이 생산을 의식적·계획적으로 통제해야 한다는 과학적 사상이다"**라는 결론을 끌어낼 수 있었다.

---

* 송태경, 『소유문제와 자본주의 발전단계론』, 자유인, 1994에 부록으로 실었다.

그리고 이와 같은 결론에 도달한 덕분에 나는 이전의 논의에서 종종 자본주의 시장경제의 무정부성에 대한 대안으로 인식됐던 계획경제 이데올로기로부터 이론적으로도 완전히 자유로워질 수 있었다.

그러므로 김수행 교수님이 의도하지는 않았으나, 내가 마르크스주의라는 우상숭배에서 벗어나 정치경제학자로서의 일관된 삶을 살 수 있게 된 것과 이상 두 가지 연구 성과는 전적으로 교수님의 선행 연구 덕분이며, 교수님의 선행 연구가 없었다면 '자본론 박사', '제주 맑스'라는 별칭의 소유자 송태경은 이 세상에 없었을 것이다.

어쨌든 '마르크스주의'나 '(국가)독점자본주의론'과 같은 자신의 주요 입장들과 분명히 선을 그은 제자였지만, 첫 인연 이후 교수님 그이의 스승으로서의 태도는 한결같았다.

심지어 내가 자신의 입장을 반대하는 정도가 아니라 서슴없이 공공연하게 비난하고 조롱까지 하고 있음을 잘 아셨으나, 김수행 교수님 그이는 나를 내치지 않으셨다. 아니, 내치기는커녕 정말 한결같이 서투른 제자가 성숙할 수 있도록 염려하고 배려하고 격려해 주는 은혜로운 스승이셨다.

** 송태경, 『소유문제와 자본주의 발전단계론』, 자유인, 1994, 192쪽.

스승을 잘 만났다는 것, 내 인생 최대 행운 가운데 하나다. 덧붙여 지금은 금융 수학을 전공하고 있는 조카에게도 고맙다. 덕분에 삼촌은 배움을 향한 작은 깨달음을 얻었고, 너무나 은혜로웠던 스승 김수행 교수님까지 알게 됐다. 내 인생 최대 행운 가운데 하나는 조카 너로부터 비롯된 것이다.

7
"그래 자네 항상 열심히 하시게."
은혜로웠던 스승 김수행 교수님

"자네, 요즘 뭐 하나?"

가끔 안부 전화를 드리면, 거의 항상 꼭 같은 톤으로 서투른 제자의 최근 관심 주제에 대해 김수행 교수님이 내게 묻곤 하는 화법이었다.

"그래, 이런 책이 있어", "그래, 이런 논문이 있어", "그래, 그쪽 분야는 누가 있어" 등등.

교수님은 늘 서투른 제자가 한 걸음 더 나아갈 수 있도록 자신이 아는 정보나 견해 또는 통찰을 제공해 주려 하셨고, 그럴 때마다 한마디 덧붙이는 걸 잊지 않으셨다.

"그래, 자네 항상 열심히 하시게."

그리고 나는 종종 교수님의 끝맺는 말에 내 배움의 열정 배경에 있는 외할머니의 통곡과 바람의 말("4.3 같은 비극이 없게 게으름 피우지 말아야 한다")을 덧붙여 나를 다듬고는 했다.

이렇듯 늘 은혜로웠던 스승이 이제는 내게 없다. 2015년 7월 31일 심장마비로 삶을 마감했기 때문이다.

우리 모두가 『자본론』의 통찰에 쉽게 접근할 수 있도록 평생의 노력을 기울였던 분, 그리고 내게는 『자본론』 독학 과정의 유일한 은사이자, 학문 탐구 및 사회적 삶에서 결정적 계기가 되었던 인물이며 없어서는 안 될 소중했던 분.

그러나 가르침을 주신 은혜로운 스승의 돌아가심에 대해 마땅히 추모사를 써야 했었으나, 나는 교수님을 그리는 글을 한참 동안이나 쓰지 못했다. 아니, 몇 줄 쓰다 멈춰 있기를 반복했을 뿐이다. 『자본론 연구』(1988)라는 교수님의 책을 통해 인연을 맺은 이후, 교수님이 내게 베풀어 준 은혜가 그만큼 큰 까닭이기도 하고, 가슴이 먹먹해 글을 쉬이 쓰지 못한 까닭이기도 했다.

그이의 학문적 공적이나 인품에 대해서는 교수님의 후배이자 제자인 신정완 박사가 추모사 「김수행 교수님을 떠나보내며」(『한겨레신문』 2015/08/03)에서 잘 요약해 놓고 있다.

그이는 불모지나 다름없는 한국 사회에서 "마르크스경제학의 개척자"로 "마르크스경제학을 중요한 경제학 사조이자 현대 지성사의 빠뜨릴 수 없는 유산으로 인정받도록" 결정적으로 기여했고, 『자본론』을 이해될 수 있는 형태로 완역해 냈으며, "소련-동유럽, 중국, 북한 등"의 국가주의 사회(이른바 '현실 사회주의 체제' 또는 '역사적 사회주의 체제')가 "마르크스주의로부터의 중대한 이탈"이라는 입장을 견지한 동시에 "마르크스가 지향한 미래 사회는 개인의 기본적 자유가 충분히 보장되고, 사회경제적 평등이 달성되며, 개인 간의 협력과 연대에 기초하여 개인들의 자아실현이 이루어지는 '자유로운 개인들의 연합체'라는" 시각을 매우 거친 형태이기는 하나 다음처럼 분명히 제기하기도 하셨다.

노동자들 모두가 현재 현실적으로 공동 점유하고 있는 공장 전체나 회사 전체를 자기들 모두의 공동 소유, 즉 사회적 소유로 전환시켜, 자기들의 집단적 지성에 따라 운영하게 된다면, '임금 노예'의 상태에서 벗어날 뿐 아니라 '주인 의식'을 가지면서 자기들의 개성과 능력을 자발적·헌신적으로 기분 좋게 발휘함으로써 사회를 더욱 풍부하게 할 수 있을 것이다. 이런 사회가 바로 '자유로운 개인들의 연합'이라는 새로운 사회 모형인데, 소련의 공산주의와는 전혀 다른 '민주적이고 자유롭고 평등한 사회'다. …… 더욱이 기존의 '이른바 좌파 지식인들'은 대체로 자본주의 이후의 새로운 사회가 '자유로운 개인들의 연합'이라는 것을 알지 못하고 소련·쿠바·북한의 '공산주의체제'로 이해하여, 소련이 패망한 1990년 전후로 모두 "마르크스는 죽었다"고 하면서 여러 갈래로 도망갔기 때문에 ……*

또한 신정완 박사뿐만 아니라 인연을 맺은 모두가 쉬이 인정하고 공감하듯이, 교수님은 "매우 소탈하고 강직한 성품"을 가진 동시에 "몸매만큼이나 넉넉하게 품이 넓고 따뜻한 인품을 가진 분"이셨고, "인간관계에서 무엇보다 상대방의 의사"와 개성을 "존중하는" 실질적 자유주의자의 면모를 가졌을 뿐만 아니라, 진리를 추구하는 학자답게 옳고 그름에 따라 말하고 실천하는 학자적 양심을 있는 그대로 드러낸 분이기도 했다.

내게도 그러하셨다. 자신의 주요 입장들과 분명히 선을 그은 제자였지만, 내치기는커녕 서투른 제자가 성숙할 수 있도록 염려하고 배려하고 격려해 주는 스승의 태도는 한결같았다.

서투른 제자가 자신이 정리한 이론만 믿고 고향 제주를 떠나 아는 사람이라곤 교수님과 후배 하나만 달랑 있던 서울에 가겠노라는 결심을 밝혔을 때, 김수행 교수님은 우선 만류했다.

자네에게 지금 필요한 것은 안정적인 연구 공간이야. (사정이 이러저러하니) 자네, (서울 올라와 실천하겠다는 결심) 두 번 세 번 더 생각해 보라고.

* 김수행, 「2015년의 개역에 부쳐」, 카를 마르크스, 『자본론: 정치경제학 비판』 제1권, 김수행 옮김, 비봉출판사, 2015, viii~ix쪽.

한국 사회의 이론적·실천적 풍토에서 제자의 입장이나 이론 정리가 받아들여질 리 만무하다는 사정을 익히 아셨기에 염려가 앞섰던 것이다.

아니나 다를까. 서투른 제자의 서울 상경기는 시작부터 김수행 교수님의 염려 그대로 상처투성이였다. 당시 나는 "자본주의적 소유를 자유롭게 생산과정에 결합한 연합된 생산자들의 소유로 전환시키는 경우 이윤 및 이윤율의 차이 등은 전혀 문제가 되지 않는다"는 사실을 아주 간단한 수학 공식을 통해 입증한 논문(「임금, 이윤, 이윤율과 소유권의 관계」)*을 들고 많은 학자들과 이론가들을 만나고 다녔지만, 그 논문의 이론적 가치나 실천적 유의미성에 대해 교수님 그이를 제외하고는 누구 하나 관심이 없었다.

자본의 운동에서 임금, 이윤, 이윤율이 얼마나 중요한 변수인지, 그리고 임금, 이윤, 이윤율의 차이가 문제가 되는 것은 자본 관계 때문으로 이는 연합된 생산자들의 소유로의 이행을 통해서만 해결될 수 있다는 사실이 얼마나 중요한지, 그리고 기타의 중요성에 대해 조금이나마 문제의식이 있거나 자본주의에 대

---

* 내 책 『자유인들의 연합체를 위한 선언』에 실었고, 그 핵심만 정리한 글로는 「노동자들의 소유에 기초한 생산으로 이행해 가는 경우: 정치경제학이 밝힌 경제 법칙들(24)」이 있다. 핵심 요약 글은 내 블로그에서 검색하면 찾을 수 있다.

한 대안을 고민하고 있다면 매우 중요한 이론적 준거임에도 그리했다.

1992년 가을 실망의 끝자락에서 서울대로 찾아뵈었을 때, 교수님은 뜻밖의 제안을 했다.

> 자네, 그러지 말고 (교수님이 주선해 준 안정적인 연구 공간에서) 2년만 죽어라 연구해 봐.

자신의 주요 입장들과 분명히 선을 그은 제자, 그것도 정통 제자조차 아닌 내게 교수님은 참으로 파격적인 배려를 해 주었다. 더구나 교수님이 참으로 수고스럽게 마련해 준 연구 공간을 선택하지 않고, 『자본론』 전문 강사의 길을 택했을 때는 자신의 번역한 책을 손수 보내 주시며 강의와 연구를 병행하라고 조언과 격려를 아끼지 않으셨다.

서투른 제자가 기존의 공황이론에서 벗어나 마르크스의 산업 순환 이론(경기순환 이론)을 서툴게나마 처음으로 재구성했을 때, 교수님은 제자의 이론적 성취에 대해 참으로 기뻐했다. 교수님 자신이 영국에서 10년을 공황이론에 대해 연구한 전문가이기도 하고, "유기적 구성의 고도화론"이라는 자신의 입장과 제자의 입장이 분명히 다름에도 불구하고, "경기순환에 관한 논의를 한 걸음 진전"시킨 "야심적인 저작"을 내놨다며 손수 서평까지 써 주셨고, 서투른 제자가 이런저런 이유로 경기순환(산업 순환), 경제구조의 변동, 공황 등에 대해 연구를 진척시키지 못하는 것에 대해서는 늘 안타까워했다.

1997년 여름 '한국 사회에서도 진보정당의 성장은 어떻게든 반드시 필요하다'는 등의 문제의식을 가지고 권영길 대통령 후보 선대본 경제정책 담당자로 결합하겠다는 결심을 알렸을 때, 교수님은 내 생활고를 걱정하셨고, 사모님 몰래 챙겨 뒀던 돈이라며 200만 원을 선뜻 건네주시기도 했다.

서투른 제자가 상가 임대차 보호 운동이라는 이름으로 토지 자본 문제를 한국 사회에서는 처음으로 정치 영역의 전면으로 끌어올리면서 진보정당이 성장할 수 있는 계기 가운데 하나를 제시했을 때도 "자네가 아니면 누구도 못 했을 일이야"라며 대견해했다.

2008년 2월 민주노동당 분당 사태 이후 절망에 빠진 제자가 민생연대(경제민주화를 위한 민생연대)에 처박혀 있을 때도, 번역하신 『국부론』을 손수 보내 주시며 "자네, 이럴수록 더 많이 연구해야 해. 『국부론』에 대한 자네 생각 조만간 정리해서 얘기해 달라고"라며, 민주노동당 탈당과 함께 참으로 죽을 듯 아프고 죽을 듯 슬펐던 나날들을 보내던 제자가 정치경제학을 다시 부여잡을 수 있도록 독려해 주셨다.

2012년 5월 노동의 정치 영역을 떠나 민주당 최재천 의원

보좌관으로 가 있겠다는 소식을 알렸을 때, 김수행 교수님 그이는 처음으로 내게 노여워하셨다.

아니, 자네가 하는 일(민생연대에서 불법 사채 문제를 다루는 일)이 얼마나 중요한데, 그리 가겠다는 건가? 그 친구(최재천 의원) 한미 FTA에 대한 입장이야 괜찮지만, 자네 해서는 안 되는 선택을 하는 거야. 생활 문제라면 내가 어떻게든 도와줄 수 있어. 굉장히 실망이야.

늘 서투른 제자의 선택을 존중해 주시고 격려해 주셨던 교수님의 뜻밖의 반응에 잠시 잠깐 당황했지만, "교수님, 사실은 그냥 보좌관으로 가는 게 아니라 지금 제가 하는 일(민생연대에서 불법 사채 문제를 다루는 일)을 자기 이름 걸고 해 달라는 제안이어서 가기로 했는데……."라고 말끝을 흐렸을 때야 유쾌하게 웃으셨다.

그래, 그 친구(최재천 의원) 괜찮은 친구로구먼. 다시 봐야겠어. 자네, 망설일 게 뭐 있어. 가 있으라고.

2015년 2월 내 아들 진혁眞革과 함께 천안 집을 찾아 교수님 그이를 마지막으로 뵈었을 때도, "자네는 죽을 때까지 책을 놓지 말고 연구하고 실천해야 해. 그게 모두를 위해서나 자네를 위해서나 유익한 일이니 그리해야 해"라며 서투른 제자에 대한 신뢰의 끈을 놓지 않으셨고, 자신의 마지막 저서 『자본론 공부』(돌베개, 2014)에 늘 대화의 끝 무렵에 하시던 말씀 "항상 열심히 하세요"를 저자 사인으로 적어 주셨고, 그리고 이것이 교수님이 내게 남긴 마지막 유지가 되었다.

그랬다.

김수행 교수님은 서투른 제자가 『자본론 연구』(1988) 서문에 적어 놓은 다음과 같은 바람을 훨씬 뛰어넘었다는 사실 하나만으로도 고마워하셨다.

이 책이 『자본론』에 관한 일반적인 공포심과 적대감을 경감시키고 『국부론』과 마찬가지로 하나의 위대한 고전이라는 인식을 독자들에게 심어 줄 수 있다면 나로서는 더 이상의 기쁨이 없겠다.

내가 『자본론』을 공부하던 시기만 해도 금서 제1호였던 책, 나와 이름이 같은 '이론과실천' 출판사 고 김태경 대표는 이 책을 번역 출판했다는 이유만으로 수배되고 구속 기소되었던 책, 이런 책 『자본론』을 나는 교수님의 『자본론 연구』 덕분에 이전까지의 정치경제학을 비판적으로 검토 연구하여 집대성한 탁월한 정치경제학 교과서로 마주하고 실천할 수 있었고, 교수님 그이는 이런 나를 늘 응원해 주셨던 것이다.

김수행 교수님은 서투른 제자가 실천적인 문제로 투덜거릴 때마다 "나는 자네가 부러워. 나는 기껏해야 마르크스의 책을 번역하고 해설하는 데 일생을 보내고 있지만, 자네는 천지를 진동시킬 이론을 가지고 실천하고 있잖나"라며 제자의 자긍심을 일깨워 주시곤 했고, 제자의 입장이 자신과 다름에 대해서조차 진지하게 경청해 주시는 은혜로운 스승이었다.

사정이 이와 같음에도, 나는 은혜로운 스승 김수행 교수님의 떠남에 대해 페북에 올린 글 "아, 김수행 교수님!"이라는 한마디 말을 제외하고 한참이나 추모사를 쓰지 못했다. 맘의 여린 구석이 있어서인지 교수님에 대해 글을 쓰려면 눈물부터 났기 때문이다.

그리고 나는 지금 이 글을 쓰면서도 교수님이 내게 남긴 마지막 유지대로 연구하고 실천할 수 있을지 스스로 장담하지 못한다. 서투른 제자가 노동자계급의 경제적 해방을 위해 일관된 삶을 살고 있는지 제대로 실천하고 있는지 살펴봐 주셨던 은혜로운 스승이 더 이상 이 세상에 없기 때문이다.

참으로 그립다.

아직도 서투른 제자는 자유로운 공동체(자유인들의 연합)를 온전히 드러내지 못했고, 더 많은 학문적·실천적 성취가 필요한

데도, 서투른 제자가 한 걸음 더 정진할 수 있도록 염려하고 배려하고 격려해 주셨던 교수님은 이제 없다.

　교수님, 참으로 감사했습니다.

　그리고 살펴봐 주시는 것만으로도 저는 늘 행복했습니다.*

　* 이 글은 김수행 교수님 추모사로 썼던 내 블로그의 글 「은혜로운 스승, 김수행 교수님을 떠나보내며」(2016/04/03)를 다듬은 글이다.

8
'제대로 배워서 사람 구실 제대로 하겠다'는 어머니와의 약속
세와 케인스의 예를 들어 어머니를 설득하다

내 오른쪽 눈썹 위에는 상처 자국 하나가 아직도 선명히 남아 있다. 학생들의 시위 현장에서 전경의 방패에 찍혔던 자국이다.

나의 학창 시절은 부전공 두 개(교육학, 경영학)와 『자본론』 공부를 병행하던 공부벌레 수준의 학부생이었음에도, 제주대학교 총학생회 산하 특별위원회였던 제주지역조사위원회의 원년 멤버로 짬짬이 시간을 내서 당시 제주 지역의 주요 이슈(송악산 군사기지 반대 투쟁, 제주도 개발 문제)를 주도하기도 했었다. 한마디로 나는 운동권 학생 중에서는 좀 특이하게도 도서관에 처박혀 있기를 좋아했지만, 확연히 운동권 학생으로 분류되고는 했었다.

그럼에도 어머니의 영향 때문에 가끔 시위하다 잡혀가는 후배나 동료를 챙기는 수준에서 멈췄고, 내가 직접 시위에 참여하는 일은 거의 없었다.

그러던 어느 날 사고가 터졌다.

평화롭게 시위하던 학생들을 강압적으로 연행하는 현장을 목격한 나는 연행이 부당하다며 항변했고, 이런 내게 전경들의 폭력이 쏟아졌다. 그리고 방패 하나가 내 얼굴을 가격하는 순간 나는 기절했다.

눈을 뜨니 경찰서 유치장이었고, 내 얼굴은 피범벅이었다.

까칠했던 내 성격으로는 도무지 용납할 수 없는 일이 벌어졌고, 경찰서장 나오라며 한바탕 소란을 피웠다.

내 소식을 접한 어머니가 황급히 달려온 후에야 소란은 진정되었다. 경찰서장은 나와 어머니에게 거듭 사과하며 치료와 별도로 원한다면 충분한 보상을 할 터이니 문제 삼지 말아 달라고 애걸했다. 그러나 그런 경찰서장 앞에서 어머니의 얼굴은 마치 무슨 죽을죄나 지은 것처럼 내내 사색이었고, 공식 사과를 요구하는 나를 어머니가 막아서서 '전경의 방패로 찢어진 얼굴을 치료하는 것으로 매듭짓자는 양보안'까지 역제안하고야 말았다.

치료를 끝내고 집으로 돌아온 저녁, 집 마당에는 내가 가지고 있던 책들이 불타고 있었다(다행히 펭귄판 영어본 『자본론』 제3권과 김수행 역본 『자본론』 제2권과 제3권 상·하는 내 가방과 학교 도서관에 있었기에 화를 면할 수 있었으나, 이론과실천 출판사의 『자본론』 1-1

분책, 김수행 교수님과 인연을 맺게 해 준『자본론 연구』초판, 김수행 역본『자본론』제1권 상·하 초판 등은 그때 불타고 없어졌다).

어머니는 이미 많이 우셨던 듯했고 무언가에 단단히 화가 난 표정이기도 했다. 그러나 집으로 들어서는 날 보고는 아무 말도 하지 않은 채 자리를 피하셨다. 나도 어머니가 왜 내 책을 불태우셨는지 묻지 않았고, 왜 그렇게 화가 나셨는지도 묻지 않았다. 그저 이후에도 한참을 서로가 아무 일 없는 양 했다.

고등학교까지 보내 준다던 외할아버지의 약속에 가슴 설레었던 소녀가 제주 4.3의 참상을 온몸으로 겪으며 배움의 꿈이 좌절된 후 "자신이 제대로 배우지 못한 것이 너무너무 큰 한恨"이 되었고, 배우지 못한 자는 아무리 억울해도 어찌할 수 없다는 강력한 믿음을 갖고 사셨던 나의 어머니. 그리고 이 때문에 자신의 자식들은 어떻게든 배움의 길을 가기를 갈망했던 나의 어머니.

자신의 능력 범위 밖임에도 큰형을 육지 대학에 보내기 위해 마음고생을 심하게 하고 계신 어머니 당신을 보며 중2였던 내가 "나는 인문계 고등학교를 가지 않겠다"고 "대학 안 가겠다"고 생고집을 피웠을 때, 그리고 결국 제주농고(현재 제주고) 기계과를 선택했을 때, 그리도 격하게 화를 내고 통곡했던 나의 어머니.

넷째인 내가 고3의 끝 무렵 자동차 정비 회사에 취업하며 대학에 가지 않는 것을 거의 기정사실화했지만, 회사까지 찾아와 "우리 아들 대학에 갈 수 있게 도와 달라고, 이 회사 다니지 못하게 해 달라"고 통사정했던 나의 어머니, 그리고 결국 꼬드김까지 동원해 배움의 기회를 제공해 준 이후에야 안도하셨던 나의 어머니.

이와 같았던 나의 어머니가 배움을 위해 선택했던 나의 책들을 왜 불태우며 그리 슬피 우셨는지 그리고 왜 그리 무언가에 크게 화가 나셨는지 나는 굳이 물어야 할 이유가 없었다. 제주 4.3에 얽힌 어머니 당신의 참혹했던 가족사의 상당 부분을 그때는 이미 알고 있었기 때문이며, 나조차도 그러했는데 다수 대중의 편견으로부터 자유롭지 못했던 어머니가 『자본론』 등에 대해 가졌을 편견도 당연하다 생각했기 때문이다.

며칠이 흐르고 좀 진정된 듯 보였던 어느 날 저녁에야 나는 내가 하는 공부 얘기를 어머니에게 꺼낼 수 있었다(참고로, 나의 어머니는 친분이 있는 제주 중산간 고향 마을 사람들에게서 농협 수매가 수준으로 잡곡을 사다가 이를 다듬고 품질을 높여 시가보다 싸게 오일장에서 파는 방법으로 가족의 생계를 책임지셨다).

엄니, 내가 하는 얘기 이해 안 될 수도 있지만 아무 말도 하지 않고 그냥 다 들어 줘.

엄니가 엊그제 참깨랑 콩이랑 사서, 이걸 등짐 지고 집으로 가지고 왔다가 일부는 장에 내다가 팔았고 일부는 못 팔아서 남았어.

어쨌든 얼마인지 모르지만 엄니 수입이 생겼을 거고, 그 수입으로 우리 6남매 키우고 있어. 그리고 내가 공부하고 있는 게 이거랑 직접 관련 있어.

엄니가 참깨랑 콩이랑 사려면 누군가 팔았을 거야. 가만히 보면 사고파는 게 동시에 이루어진 건데, 이걸 내가 공부하는 학문(정치경제학)에 따르면 판매는 동시에 구매이고 구매는 동시에 판매라고 해.

그리고 세Jean Baptiste Say라는 사람이 있는데, 이것만 가지고 공급은 스스로 수요를 창출한다고 얘기하며 경제는 균형 상태라고 주장해. 그리고 지금 이게 경제학이라는 학문을 지배하는 담론 중 하나야. 그러나 세라는 사람의 얘기는 단면만 본 거야.

엄니가 사왔던 참깨랑 콩을 아직 다 못 팔았어. 다른 사람들이 사 주지 않으면 팔지 못하니까 지금 집에 그냥 있어. 그리고 이걸 내가 공부하는 학문에 따르면 판매했다고 해서 곧바로 구매하는 것도 아니고 어느 누구도 구매하지 않으면 어느 누구도 판매할 수 없다고 해. 엄니에게는 어렵겠지만 유효수요(지불할 수 있는 능력이 있는 수요)가 부족할 수도 있다는 말이고, 경제는 불균형 상태에 빠질 수도 있다는 말이야.

그리고 케인스John Maynard Keynes라는 유명한 경제학자가 있는데, 이 측면에 주목해서 유효수요 부족 이론이라는 걸로 한 시대를 풍미했어.

그런데 내가 공부하는 학문에 따르면, 케인스 정도는 아무것도 아니야. 외할머니 부탁처럼 4.3 같은 거 그딴 거 없게 할 수 있을 만큼 사회를 풍요롭게 할 수 있는 이론들이 가득 들어 있어. 그래서 내가 기를 쓰고 공부하려고 하는 거야.

지난번 일은 정말 미안해, 엄니. 두 번 다시 앞에 나서지 않을게. 나도 알아. 외할머니가 왜 그렇게 4.3 같은 거 없게 게으름 피우지 말라며 통곡하고 부탁하셨는지. 그리고 엄니가 특히 둘째 외삼촌처럼* 될까 봐 무서워서 그랬던 거.

그러니까 엄니, 그냥 태경이 믿어 줘. 절대 엄니 실망하지 않게 아프지 않게 제대로 공부할 테니까, 엄니가 원하는 대로 제대로 배워서 사람 구실 제대로 할 테니까 그냥 믿어 줘.

내 얘기를 가만히 들어 주신 어머니는 많이 우셨다. 그러나 제주 4.3의 참상을 온몸으로 겪어야 했던 자신의 강력한 트라우마 때문에 내 얘기에 동의해 주시진 못했고, 그리고 이런 이

---

* 제주 4.3 당시 마을 공동체 이웃들을 위해 군경에 항변했다가 군사재판에 넘겨져 사형 선고 후 즉결처분되었고, 연좌제의 가혹한 비수로 외숙모 등은 외할머니와 어머니가 보는 앞에서 총살형을 당했다.

유로 이후 내 공부와 사회적 실천 과정에 대해 말리지는 않으셨으나 늘 탈이 날까 염려하고 걱정했었다.

나의 『자본론』 공부에 대한 어머니의 걱정이 사라지기까지는 그로부터도 10년이 더 걸렸다.

당신의 넷째가 몸담고 있던 민주노동당이 성장하고, 상가 임대차 보호 운동 같은 좋은 일로 텔레비전에도 나오고, 특히 권영길 대표가 제주에 내려오셨을 때 "송 박사는 너무나 훌륭한 이론가로, 없어서는 안 될 핵심 중의 핵심 참모다"라는 얘기를 전해 들은 후에야 안도하셨고, 주변에 자식 자랑까지 할 수 있게 되셨다.

경찰서장 앞에서 큰소리치며 사과를 받아야 할 어머니가 거꾸로 사색이 되어야 했던 모습, 불타던 책들 너머에 있었던 어머니의 슬픔과 분노, 그리고 그 배경에 있었던 제주 4.3의 참상과 그 기억을 떨쳐 낼 수 없었던 어머니의 통곡, 그리고 특히 "제대로 배워서 사람 구실 제대로 하겠다"는 어머니와의 약속, 제주 4.3과 관련된 외할머니의 통곡과 간절한 부탁은 내 삶에서는 도무지 지울 수 없는 것들이며, 또한 배움에 대한 강력한 동기인 동시에 나를 지탱하는 힘이기도 하다.

참고로, 나의 어머니에게 양해를 구하기 위해 끌어들였던 세의 균형 가설의 황당무계함과 판매와 구매에 동반된 유효수요 부족 가능성 및 이에 따른 불균형의 외적 표현인 경제 위기 또는 공황의 가능성을 마르크스는 『자본론』 제1권 제3장 「화폐 또는 상품유통」에서 상세히 서술하고 있다.

9
가장 중요한 건 문제의 구체적인 해결이야!

어이 자네, 그 책 그거 『자본론』 아닌가. 『자본론』을 그렇게 꼼꼼히 보고 있다니 자네 참 대단하네.

『자본론』을 펼쳐 들고 읽으며 걸어가는 나를 불러 세운 분은 강경선 교수님(제주대 농업경제학, 현재는 산업응용경제학)이었다. 깨알 같은 메모들과 형광펜 등으로 얼룩져 있는 내 책을 보시더니 우선 감탄부터 하시며 시간 되면 연구실로 놀러 오라 하신다.

그리고 어느 날 찾아간 연구실에서 교수님은 그렇지 않아도 만나고 싶었다며 마치 오랜만에 만난 친구를 대하듯 환대해 주셨다. 내가 제주 지역 개발계획 이슈 문제를 가지고 이곳저곳 들 쑤시고 다니며 악명을 높인 덕분에,* 지역 경제 현안에 관심이 높으셨던 교수님은 이미 내 존재에 대해 알고 계셨던 것이다.

자신도 박사과정 때 대충 보기는 했는데 너무 어려워 이해 못 했다고 운을 떼신 교수님이 물었다. "그래, 마르크스는 도대체 『자본론』에서 무얼 밝히려고 했던 거야?"

서문에 쓰여 있는 그대로 대답해 드렸다.

마르크스는 『자본론』을 통해 자본주의적 생산양식the capitalist mode of production 및 이에 대응하는 생산관계the relations of production 와 상호작용의 형태들the forms of intercourse, Verkehrsverhaltnisse을 연구하여 '현대사회의 경제적 운동 법칙'을 밝히고 있습니다.

그리고 마르크스는 이를 위해 상품의 분석에서 출발해 토지 자본까지 분석하고 있고, 여기에 보론 성격으로 네 개의 장을 추가하여 경제학의 지배적인 담론(자본에는 이윤과 이자가, 노동에는 임금이, 토지에는 지대가 발생하는 것이 당연하다는 담론) 등을 검

---

* 제2차 제주도 종합개발계획 이슈와 관련해, 당시 나는 제주대 총학생회 산하 제주지역조사위원회에 있으면서 이 문제를 짬짬이 연구했고, 개발계획안 도민공청회(1991년 4월) 자리에서 계획안의 문제점을 조목조목 지적하며 개발계획안 수립 연구에 참여한 다섯 분 교수님을 을사오적에 빗대 제주오적이라고까지 성토했었다. 내 문제 제기를 계기로 공청회에 참석했던 제주도민들의 항의가 빗발쳤고, 공청회장은 곧 아수라장이 되었다. 그리고 당시 공청회의 파장은 제주도개발특별법 반대 투쟁으로 이어졌으며, 존경하는 이지훈 선배가 범도민 대책위 위원장으로 이 투쟁을 승리로 이끌었다.

토하고 있습니다.

교수님이 다시 물으셨다.

생산양식과 생산관계라……. 그것 참 어렵네. 그게 도대체 무
슨 뜻인가, 그리고 분배 문제는 연구하지 않은 건가?

또 내가 아는 대로 대답해 드렸다.

그렇게 어려운 얘기들은 아닙니다. 현실에는 철강이나 자동차
등을 생산하는 다종다양한 생산 방법들이 있습니다. 생산양식
이란 이런 생산 방법들을 총칭하는 개념입니다. 또 생산관계란
생산에서 맺게 되는 사람들의 사회적 관계를 말합니다. 만일 이
관계가 자본과 임노동 관계면 자본주의적 생산양식 또는 자본
주의적 생산관계라고 하는 것이고, 노예 소유주와 노예와의 관
계면 노예제적 생산양식 또는 노예제적 생산관계라고 하고, 특
히 독립된 생산자가 자신의 생산수단에서 스스로 노동하는 경
우를 소생산양식으로 구분합니다. 또한 마르크스는 아시아 사
회에서 역사적으로 존재했던 경제적 사회구성체들을 상세히 검
토할 수 없었기 때문에, 유럽과 다소 다른 양상을 보여 주는 아
시아 사회를 뭉뚱그려 아시아적 생산양식이라고도 했습니다.

그리고 분배 관계도 당연히 연구합니다. 마르크스는 분배 관계가 생산관계와 동전의 양면임을 밝히고 있습니다. 예를 들어, 자본주의적 소유를 기초로 자본과 임노동 관계가 형성되면 자본에는 이윤이, 노동에는 임금이 자연스럽게 병행하게 되는 것입니다. 이 때문에 마르크스는 특히 『고타강령 비판』에서 "분배를 중시하고 거기에 중점을 두는 것은 대체로 잘못"이라고 지적하고 있습니다. 지금처럼 생산의 물질적 조건 대부분이 자본 소유 및 토지 소유 형태로 노동하지 않는 자들의 수중에 있는 반면에, 다수 대중은 약간의 생활 수단들(예금이나 주택 같은 생활 수단들)과 노동력만을 소유하고 있다면, 오늘날과 같은 소비재의 분배는 저절로 발생한다고 본 것입니다.

내 얘기를 진지하게 들으신 교수님이 되물으셨다.

그래 좋아, 그렇게 경제적 운동 법칙을 밝혀서 마르크스는 도대체 구체적으로 어떤 문제를 해결하려고 했던 거야? 아주 구체적으로 말야, 도대체 어떤 문제를?

이 질문에 나는 멈칫했다.
일반적인 정답은 "자본주의 타도, 즉 자본주의 문제 해결을 위해 자유로운 공동체(자유인들의 연합)로의 이행을 촉진하고자 했습니다. 마르크스는 인류의 자유롭고 풍요로운 사회적 삶을 위해 자본주의사회의 항구적 참화의 문제, 계급과 계급의 적대적 대립으로 얼룩져 있는 계급사회의 문제를 근본적으로 종식하려 했던 것입니다"였지만, 교수님의 질문 의도에는 어딘가 맞지 않는다고 느꼈기 때문이다.

내가 멈칫하는 순간의 표정이 재밌었던지 교수님이 호탕하게 웃으며 대략 다음처럼 말씀하셨다.

아마 자네는 내가 상상하지 못하는 현명한 해답을 분명히 알고 있을 거야. 어쨌든 좋아. 내가 자네에게 해 주고 싶은 얘기는 이런 거야. 경제에 대한 이해보다 더 중요한 게 있어. 이해는 다양한 시각으로 할 수 있어. 자네가 공부하는 『자본론』에도 자본가의 시각으로 해석되고 이해되는 세계가 있고 노동자의 시각으로 해석되고 이해되는 세계가 있고, 지혜로운 마르크스의 이론적 정리들이 있어. 그리고 자본가나 노동자라고 해서 다들 꼭같은 것도 아냐. 십중팔구 제각각이야. 그러므로 중요한 건 문제 해결이야. 그것도 아주 구체적인 문제 해결이 가장 중요해. 이론이 중요한 것도 이 때문이야.

그때의 교수님 말씀을 듣고 나니 무언가 막혔던 것이 뻥 뚫린 느낌이었다.

그랬다. 당시까지만 해도 나는 구체적인 문제 해결 부분에 대해 매우 막연한 상태였다. '무엇이 있는가 등을 제대로 이해하지 못하면 무엇을 할 것인가 등도 분명치 않다'는 자기 정리 정도를 하고 있었을 뿐이다. 비록 거의 본능적으로 느끼고는 있었고, 이 때문에 『자본론』 공부 과정과 관련된 논문 등의 검토를 유기적으로 병행해야 한다는 강렬한 열망을 가지고는 있었으나, 교수님의 말씀이 있기 전까지는 선명하고 또렷하게 '구체적인 문제 해결의 중요성'을 인지하지 못하고 있었다.

교수님의 말씀을 듣고 난 후 나는 『자본론』을 다시 한번 통독했다. '사정이 이러하다면 현실에서 이 문제를 구체적으로 어떻게 해결해 가야지 또는 문제 해결을 위한 지혜로운 수단과 방책은 무엇일까'라는 문제의식을 가지고. 그리고 이때부터 구체적인 정책적 대안을 고민하게 되었고, 다음과 같은 평가도 나름 받게 되었다.

민주노동당의 '경제정책 전문가', '자본론 박사', 재야의 '정책 브레인', '보물 1호' 등. 송태경 실장(43. 경제민주화운동본부)은 쉬이 가질 수 없는 칭호를 갖고 있다. 송 실장에게 붙여진 수많은 별명은 '국민승리21' 시기부터 민주노동당과 운명을 같이하면서 걸어온 그의 행보를 대변해 준다.

송 실장은 1998년 실업대책본부 활동부터, 상가 임대차 보호법 제정 운동, 세입자권리찾기운동, 민생탐방, 파산상담학교 등을 벌여 왔고 부도임대아파트법 등 각종 민생 관련 법안을 마련해 왔다. 경제정책 분야로 망라될 수 있는 대부분의 정책과 사업은 송 실장의 손을 거치지 않은 것이 없다고 해도 과언이 아니다. 여력이 없어 준비되지 못한 법안, 고개를 설레설레 흔들며 주저하거나 반발했던 사업 등도 그는 맡아서 묵묵히 진행해 왔다.*

『자본론』을 공부했던 사람은 무수히 많다.

그러나 내가 알기에 『자본론』의 일반 원리들을 바탕으로 주어진 조건에서 주어진 문제의 해결을 위한 수단과 방책을 고민하며 구체적인 정책을 발굴하려 노력했던 사람은 많지 않다. 또한 강경선 교수님의 "가장 중요한 건 문제의 구체적인 해결"이라는 소중한 말씀이 없었다면, 나조차도 정책 분야에서 성과를 내기 위해 그만큼 노력을 경주하지 못했을 것이다.

그러므로 '내가 발휘할 수 있었던 독특한 정책적 재능'(즉, 『자본론』의 일반 원리들을 바탕으로 주어진 조건에서 주어진 문제의 해

* 민주노동당 기관지 『진보정치』 306호에 실린 오삼언 기자와의 인터뷰 기사 「민주노동당 자체를 사랑해 본 적 없다」(2007/01/06) 중에서.

결을 위한 지혜로운 수단과 방책을 찾아내는 재능)은 온전히 강경선 교수님으로부터 비롯된 것이다.

올해로 만 80세가 되신 교수님은 여전히 정정하시고 여전히 제주 지역 경제 현안들에 관심이 많다. 내가 알기에 정치적인 입장은 나와는 달리 보수적이고, 현안들에 대해 내놓으시는 구체적인 해법도 학창 시절에 이미 나와는 다르다는 걸 확인했지만, 나는 여전히 가장 중요한 건 문제의 구체적인 해결임을 일깨워 준 교수님을 존경한다.

참고로, 제주도 개발 문제는 학창 시절 내 중요한 관심사 가운데 하나였다. 내가 자라난 환경의 미래를 결정하는 변수였기 때문이다. 그러나 나는 제2차 제주도종합개발 계획안 문제를 끝으로 제주 지역 문제를 연구할 수 없었다. 1992년 6월 고향 제주를 떠났고, 『자본론』 전문 강사로, 민주노동당의 경제정책 담당자로, 그리고 지금은 민생연대 사무처장으로 사회적 삶을 살고 있기 때문이다.

지금은 그저 걱정뿐이다.

제주 공항이 포화 상태라는 사실 등을 근거로 추진되는 제주 신공항 문제만 봐도 그렇다. 이 사실이 제주의 원주민의 삶과 제주의 생태 환경이 수용 가능한 범위를 넘어선 뚜렷한 징후로 해석되지 않고 있고, 동시에 신공항이 더 많은 난개발의 가속화 그리고 궁극적으로 제주 원주민 소외로 이어지는 기폭

제가 될 수밖에 없음도 간과되고 있다.

　제주는 분명 지금까지와는 다른 제주 특성에 맞는 새로운 성장 전략이 필요하다. 제주의 산업은 생산력의 측면에서 보면, 절대적인 비교 우위를 갖는 생태 환경을 제외하고 열악하기 그지없다. 뭍으로부터 멀리 떨어져 있는 섬이라는 공간적 제약이 작용하기 때문이며, 관광과 축산 등 일부 분야를 제외하면 산업의 대형화도 쉽지 않고, 대형화가 가능한 분야 대부분은 이미 대자본이 주도하며, 따라서 제주 원주민들에게는 이와 관련된 고용 산업 파급효과에 따른 떡고물뿐이다(그나마 떡고물조차 거의 없이 부작용만 가득한 경우도 많다).

　그러므로 새로운 성장 전략의 기본 방향만큼은 명확하다. 새로운 성장 전략은 절대적인 비교 우위를 갖는 생태 환경의 강점을 최대한 활용한 것이야 하고, 대형화가 어려운 축산을 제외한 농어업과 가공 산업 분야는 고품질, 다품종, 소생산 및 고급 브랜드화의 방향으로 나아갈 필요가 있고, 대형화될 수 있는 축산과 관광 및 항공과 해운 등 커뮤니케이션 산업 영역, 그리고 유통 서비스 영역은 노동자 협동조합과 공기업의 설립 등을 통해 생산과 유통의 재조직화를 꾀할 필요가 있으며, 이런 성장 전략에 걸맞게 제주도의 법제와 조세·재정 정책 등이 변경될 필요가 있다.

10
나의 꿈이자 인류의 꿈, 자유로운 공동체

내 삶의 대부분 시기에는 이런저런 이유로 '가난'이 놓여 있다.*

민생연대에서 불법 사채 피해자를 지원하는 지금도 나는 가난하다. 사람들이 영문도 모르는 채 죽어 가는 현상을 눈뜨고 방치할 수 없는 내 사회적 양심 때문에, 아무런 비용도 받지 않고 무료 법률구조 활동을 10년 넘게 이어 가고 있기 때문이다.

민생연대 후원금으로 마련되는 소액의 활동비(2024년 2월까지 월 50만~100만 원), 여기에 간혹 내 삶의 취지에 공감하신 분들의 개인 후원과 가끔 있는 강연료로 벌충하는 가난한 생활, 따라서 전혀 유쾌하지 않고 매우 불편함에도 내가 좀 불편하고

---

* 이와 관련된 내 글로는 「가난, 내 삶의 한 측면」이 있다. 내 블로그에서 검색하면 찾을 수 있다.

가난한 것으로 수많은 타인의 고단한 삶에 희망을 줄 수 있는 일이기에 나는 감내한다.

그러나 이렇듯 가난한 나도 가끔은 사치를 한다.

『자본론』보다 더 오랫동안 나와 동고동락해 온 커피가 대표적이다. 고품질 커피 아니면 지금은 거의 거들떠보지도 않으며, 지불 능력이 현저히 떨어짐에도 흔쾌히 지불한다.

당도가 아주 높은 유기농 사과나 지역 특산물도 간혹 내 사치품 목록에 이름을 올린다. 내게 도움을 받은 이들이 고마움의 답례를 가끔 하기 때문이다.

어쨌든 정치경제학을 공부하는 사람들이라면, 여기서 한 가지 주목해야 할 사실이 있다. 바로 커피나 유기농 사과 또는 지역 특산물을 생산한 분들이 나를 위해 생산 활동을 한 것이 아니라 자기 자신의 이익을 위해 한 일이지만, 그것은 동시에 내게도 유익한 일이 되었고, 나뿐만 아니라 그 생산물을 소비하는 다른 모든 이들에게도 유익한 일이 되었다는 사실이다.

물론 새로운 통찰은 아니다. 서로가 서로를 위해 필요한 노동을 하는 사회적 분업에 주목하면, "자기 자신을 위해 일하는 것이 동시에 모두에게 유익하게 되는 최선의 상태"를 우리는 언제든 마주할 수 있다. 그리고 특히 애덤 스미스는 자신의 저서 『국부론』에서 다음과 같이 서술하면서 이런 사실을 대중화했다.

우리가 매일 식사를 마련할 수 있는 것은 푸줏간 주인과 양조장 주인, 그리고 빵집 주인의 자비심 때문이 아니라, 그들 자신의 이익을 위한 고려 때문이다.*

......

사실 그는 공공의 이익the public interest을 증진시키려고 의도하지 않고 공공의 이익을 그가 얼마나 촉진하는지도 모른다. 외국 노동보다 본국 노동의 유지를 선호하는 것은 오로지 자기 자신의 안전을 위해서고, 노동 생산물이 최대의 가치를 갖도록 그 노동을 이끈 것은 오로지 자기 자신의 이익을 위해서다. 이 경우 그는 다른 많은 경우처럼 보이지 않는 손Invisible hand에 이끌려서 그가 전혀 의도하지 않았던 목적을 달성하게 된다. 그가 의도하지 않았던 것이라고 해서 반드시 사회에 좋지 않은 것은 아니다. 그가 자기 자신의 이익을 추구함으로써 흔히, 그 자신이 진실로 사회의 이익을 증진시키려고 의도하는 경우보다, 더욱 효과적으로 그것을 증진시킨다.**

마르크스의 표현을 빌리면, "사회적 분업을 전제로 서로를

---

* 애덤 스미스, 『국부론』 제1편 제2장, 김수행 옮김, 비봉출판사, 2007, 19쪽.
** 애덤 스미스, 『국부론』 제4편 제2장, 김수행 옮김, 비봉출판사, 2007, 552쪽.

위해 필요한 노동을 하면서 맺는 인간들의 사회적 관계(또는 총노동을 통해서 맺는 인간들의 사회적 관계)"가 자기 자신을 위해 일하는 것이 동시에 모두에게 유익한 최선의 상태를 만들어 낸 것이다.

그러나 이와 같은 명백한 사실조차도 자본주의 일상을 살아가는 대다수는 인지하지 못하며, 심지어 인지한 소수조차도 자본주의를 전제할 때는 이를 가시적인 형태로 현실화해 낼 수 없다.

왜냐하면 자본주의 시장경제는 자본 주도로 상품 생산을 일반화하고 시장경제를 전면화하는 유일한 경제적 사회구성체이므로, 우리 모두를 상품의 판매자와 구매자 또는 자본가와 임금노동자, 채권자와 채무자, 임대인과 임차인 등으로 마주하도록하기 때문이다. 바로 이 때문에 그 배후에 있는 사회적 분업과 이를 위한 총노동의 관계는 현상에서 사라져 버리고 상품, 화폐, 자본을 매개로 하는 인간들의 사회적 관계가 그 자리를 덩그러니 대신한다.

다른 말로 자본주의 세계는 상품 물신성commodity fetishism, 화폐 물신성money fetishism, 자본 물신성capital fetishism이 현상을 지배하는 세계로, 이로부터 자본주의 시대를 살아가는 누구도 자유로울 수 없다.

따라서 자본주의 시장경제가 존재하는 한, 자기 자신을 위해 일하는 것이 동시에 모두에게 유익한 최선의 상태는 영구적으로 가시화되지 않는다. 그것은 그저 상품의 판매자와 구매자 또는 자본가와 임금노동자의 관계 등으로 마주할 수밖에 없는 우리들 모두의 배후에서 "보이지 않는 손"으로만 남게 되는 것이다.

그리고 다음의 사실도 자명하다.

내가 감내하고 있는 지금의 가난이 웅변적으로 입증하고 있듯이, 자본주의 또는 계급사회를 살아가는 상태에서 타인을 위한 삶은 일정한 자기희생을 불가피하게 한다. 심지어 사회주의로 자신을 포장했던 국가주의 사회(북한을 포함한 소비에트 유형의 사회주의사회)는 '개인은 전체를 위해, 전체는 개인을 위해'라는 이데올로기를 통해, 전체를 위한 개인의 희생을 공공연한 덕목으로까지 발전시킨 사실도 있다.

또한 자본주의사회에서 개인의 이익 추구가 동시에 사회적 이익인 경우는 사회적 분업을 위한 총노동의 범위 내에서 제한되는 본질적인 것으로, 그 범위를 넘어서는 순간 타인의 자유, 평등, 풍요와 행복을 침해하고 심지어 지구 자연과 타인의 삶을 유린하기도 한다.

그러나 생산을 둘러싼 자본의 외피가 벗겨진다면, 따라서 우리를 둘러싼 계급 관계가 청산될 수 있다면 사정은 분명히 다르다.

이리된다면 분명히 "사회적 분업을 전제로 총노동을 통해서 맺는 인간들의 사회적 관계"가 있는 그대로 드러날 것이다. 그것도 전 지구적으로! 즉, 늙어서 어려서 병들어서 기타 불가피한 사유로 노동하지 못하는 사람을 제외한 모두는 서로가 서로를 위해 필요한 일을 할 것이므로, 자기 자신을 위해 일하는 것이 자연스럽게 모두에게 유익한 일이 되는 최선의 상태(또는 최선의 상태가 되는 사회)를 살게 될 것이다.

놀랍지 않은가. 유토피아에나 있을 법한 이상향이 자본주의적 생산양식의 태내에서 숨 쉬고 있고 계속해서 고도로 발전하고 있음이.

어쨌든 내 가난을 끌어들여 설명한 이와 같은 사실 등을 나는 『자본론』을 공부하는 과정에서, 특히 자유인들의 연합이 처음으로 등장하는 '상품의 물신성과 그 비밀'(『자본론』 제1권 제1편 제1장 제4절)을 이해하는 과정에서 알게 됐다.

주어진 사실을 애덤 스미스가 자본주의를 정당화하는 논거로 사용한 반면에, 마르크스는 이와 같은 사실 및 이에 대응하는 행위 양식들이 우리의 일상에서도 하나의 진실이 되기를 원했다.

타인의 삶을 위해 자신을 희생해야 하는 존재들이 없어도 아름다울 수 있는 세상, 오로지 자기 자신의 자유로운 개성의 발전을 도모하며 자기 자신의 이익만을 위해 행동하더라도 그것이 모두에게 유익한 일이 되는 세상, 자본주의를 전제로 할 때는 결코 달성될 수 없는 아름다운 세상이 막연한 이상이나 공상이 아니라 바로 지금 우리의 현실에서 성숙하고 있음을 마르크스는 보았고 입증했다.

그리고 『자본론』과 함께 그런 세상이 나의 꿈이 되었다.

인류 최후의 전사前史 자본 공동체가 발전적으로 끝장날 때 출현하는 새로운 사회인 자유로운 공동체, 나의 꿈이기도 하지만 동시에 사회적·역사적으로 인류의 꿈일 수밖에 없는 바로 이 자유로운 공동체로의 이행을 위한 삶. 따라서 위대한 천재 마르크스의 꿈이기도 했던 "완벽한 경제 혁명"을 위한 내 머나먼 여정이 그때부터 시작되었다.

그로부터 30년이 지난 지금도 여전히 나는 꿈을 꾼다. 꿈을 꾸기 시작할 때부터 내 생애에는 결코 이루어지지 않을 꿈임을 알았지만, 인간다운 가장 인간다운 꿈이므로 나는 여전히 꿈을 꿀 수밖에 없다.*

* 이와 관련된 내 글 「내가 꿈꾸는 사회에 대해」를 부록에 실었다.

11
역사 최대의 발견 '자유인들의 연합', 그리고 내가 해결해야 할 과제

자유인들의 연합. 자유롭게 생산과정에 결합한 생산자들이 공동으로 확보한 생산수단the means of production held common으로 일하며, 연합된 생산자들 스스로 사회적 생산을 의식적·계획적으로 통제하며 노동의 성과를 자율적으로 분배·소비하는 사회이자, 자본이나 국가의 지배 질서로부터 완전히 해방된 자유로운 공동체로, 정치경제학 연구 과정에서 마르크스에 의해 발견된 사회다.

즉, 자본주의는 시장 참여자들의 자유와 평등만을 용인할 뿐 인간의 전면적인 자유와 사회적 평등을 허용하지 않는다. 인간에 대한 자본주의적 사용과 지배가 사회의 기본 전제이기 때문이며, 따라서 자본주의에서의 자유와 평등은 최선의 경우에도 '형식적'이다.

반면에 자유인들의 연합에서는 생산·분배·소비의 모든 영역에서 인간에 대한 구속과 차별이 소멸하므로 인간의 자유와 사회적 평등은 '실질적'이다. 다시 말해 성평등 등을 포함한 사회 구성원으로서의 자유와 사회적 평등은 가장 발전된 형태로 실현될 수 있고 따라서 누군가를 차별할 필요조차 없다.

자본주의는 자본 주도로 노동의 성과를 임금과 이윤으로 분할하고, 다시 이를 이자, 지대, 세금 및 교육 등 공동 수요를 위한 기금으로 재분배하며, 여기에 덧붙여 시세 차익 등의 형태로 이중 삼중의 분배 구조가 복잡다단하게 덧붙인다. 따라서 다수 노동자의 풍요는 노동 능력에 따라 분배하더라도 임금의 범위에서 제약된 형식적 풍요다.

반면에 연합된 생산자들의 소유에 기초한 자유인들의 연합에서는 임금과 이윤의 분할은 소멸한다. 노동의 성과는 확대재생산을 포함한 사회적 재생산을 위한 기금, 자연적 재해와 사회적 재해에 대비하기 위한 기금, 늙어서 어려서 병들어서 기타 다양한 사유로 노동하지 못하는 사람들을 위한 기금, 학교나 보건시설이나 육아나 보육 등등과 같이 공동체의 수요를 공동으로 충족하는 데 필요한 기금 등을 제외하고 모두가 다 노동자들에게 노동 능력에 따라 분배되므로, 노동자들이 누릴 수 있는 풍요의 범위는 그 최대치까지 상승한다.

끝으로 자본주의와 달리 자유인들의 연합에서는 사회적 생산을 위한 자연과의 상호작용도 이윤 추구 동기를 매개로 하는 것이 아니라 지구 자연 위에서 사회 구성원들의 삶을 목표로 하는 것이므로(이론적으로 말하면, 생산·분배·소비를 위한 경제적 운동 원리가 지금의 M-C-M+Δm에서 소비 욕망의 충족을 목적으로 하는 C-M-C 형태로 달라지는 것이므로), 그 최선은 지구 자연과의 유기적 공존이 된다.

요약하면, 자본이 지배하는 적대적 공동체인 자본주의사회나 국가가 지배하는 적대적 공동체인 국가주의 사회(북한을 포함한 소비에트 유형의 사회)와는 달리, 자유인들의 연합은 자유로운 공동체로서, 실질적으로 자유롭고 더불어 풍요로울 수 있는 최선의 상태가 열리는 사회이자, 지구 자연과 유기적으로 공존할 수 있는 세상이다. 또한 늙어서 어려서 병들어서 기타 불가피한 사유로 노동하지 못하는 사람을 제외한 모두는 서로가 서로를 위해 필요한 일을 할 것이므로 자신의 개인적 능력을 최대한 이용해 자기 자신을 위해 일하는 것이 자연스럽게 모두에게 유익한 일이 되는 최선의 사회 상태다.

그러므로 자유인들의 연합에서는 개성의 자유로운 발전이 사회의 기본 전제가 될 것이며, 생산력의 비약적 발전을 저해하는 핵심 변수들(자본주의적 경쟁의 배타성과 독점, 임금에 의한 제약, 자본의 이익 또는 국가의 이익을 위한 보편 노동의 왜곡 등)도 소멸하거나 해소되어 갈 것이다. 그리고 이때 비로소 '궁핍과 외부적인 편의에 의해 규정되는 노동이 끝장나는 자유의 왕국' 또는 '능력에 따라 일하고 필요에 따라 분배받는 보다 높은 단계의 자유로운 공동체'로의 이행이 시작될 것이다.

　더욱 놀라운 사실은 자유인들의 연합이 어디에도 없는 따라서 도달 불가능한 무릉도원 유토피아 이야기가 아니라는 점이다. 다시 말해, 자유인들의 연합은 결코 마르크스의 상상력으로 구성된 세계가 아니라, 우리의 현실, 즉 자본주의적 생산양식의 태내에서 성숙하는 임박한 미래다.

　우선 자유인들의 연합은 우리가 마르크스처럼 자본주의사회의 이행을 사유할 수 있다면 너무나 쉽게 그 출연의 필연성을 이해할 수 있는 사회이기도 하다. 다시 말해, 생산수단의 소유로부터 완전히 소외·배제되었던 자유로운 노동자들이 점차 소유와 경영에 참여하는 방향으로 그리고 결국에는 통째로 인수해버리는 방향으로 자연 발생성을 가지고 운동하고 있다는 사실, 그리고 이 사실에 초점을 맞춰 운동의 방향성 또는 이행의 방향성을 사유해 보라.

　그리고 이리 사유할 수 있다면, 그 운동의 결과는 누구나 알 수 있을 것이다.

　일하는 사람들의 소유에 기초한 기업들의 광범위한 출현, 이를 기초로 하는 생산양식(즉, 연합된 노동의 생산양식the mode of production of associated labor), 그리고 연합된 노동의 생산양식을 물적 토대로 하는 사회, 끝으로 생산력의 비약적 발전에 따라 '능력에 따라 일하고 필요에 따라 분배받는 보다 높은 단계의 자유로운 공동체'로의 이행.

사실이 그러하다. '자유인들의 연합'은 마르크스의 '구상의 산물'이거나 '상상의 산물'이 아니라 사회의 운동 법칙에 따라 필연적으로 출현할 수밖에 없는 사회다. 그리고 이와 관련된 마르크스의 최대 공헌은 정치경제학 연구를 통해 역사의 최대 수수께끼이자 노동자계급의 사활적 문제인 소유 문제의 해법(연합된 생산자들의 소유)과 자유인들의 연합을 발견해 냈다는 것, 이행의 강력한 두 지렛대인 '노동의 정치'와 '신용 시스템'을 찾아 냈다는 것 등이다.

사실 역사 최대의 발견이라 할 수 있는 자유인들의 연합의 핵심적 요소들 모두는 자본주의적 생산양식의 태내에서 성숙하고 있는 것들로, 이는 자본주의를 상호 관련된 전체로 연구하지 않아도 쉬이 알 수 있다. 몇 가지 요소들만 살펴보면 다음과 같다.

우선 자유인들의 연합을 구성하는 자유로운 노동자들은 자본주의사회의 기본 전제이기도 하다. 자본주의사회에서 노동력의 자유로운 판매자로 나타나는 그들은 노동력의 판매와 함께 자본에 구속되지만, 연합된 생산자들의 소유에 기초한 자유인들의 연합에서는 그들에 대한 구속이 사라질 뿐이다.

자유인들의 연합의 핵심적 물적 토대인 공동 생산과 이에 대응하는 사회적 규칙들도 자본주의적 생산양식의 태내에서 고도로 성숙한다.

즉, 우리가 삼성전자를 보든 현대차를 보든 포스코를 보든 한눈에 드러나는 것은 거대한 규모의 공동 노동, 공동 생산이다. 수십만 명 심지어 수백만 명에 이르는 노동자들이 동일한 또는 상호 관련된 작업장에서 각각의 필요 기능에 따라 서로 도와 가면서 공동 노동, 공동 생산을 하고 있으며, 자본주의적 생산양식은 이를 세계적인 규모로 발전시켜 놓고 있다. 비록 자본주의적 소유와 자본주의적 경쟁이 생산의 조직과 사전적 계획성을 왜곡하는 동시에 사회 전체적인 측면에서 생산의 무정부성이라는 반작용을 불가피하게 하는 것은 사실이나, 어쨌든 거대한 규모의 공동 노동, 공동 생산 및 이에 대응하는 사회적 규칙들은 자본주의적 생산양식의 토대인 동시에 이 사회에서 성숙하는 새로운 사회의 요소다.

자유와 평등 같은 행위 양식들도 시장경제를 전면적으로 발전시키는 유일한 경제적 사회구성체인 자본주의와 더불어 성숙하는 것들로, 비록 세계가 자본주의에 사로잡혀 있는 동안에는 부르주아 민주주의 또는 대의제 민주주의로 자신을 표현할 뿐이나 자유인들의 연합에서는 온전히 자신을 다 드러내게 될 것이다.

어쨌든 다음의 사정은 분명하다.

자본주의적 생산양식의 태내에서 성숙하는 새로운 사회의 요소들이 무엇이든, 누군가가 '모든 자본주의적 생산을 자유롭게 생산과정에 결합한 생산자들의 소유로 전환해야 하며, 노동계급의 국가는 이 이행을 강력히 촉진해야 한다'는 마르크스에 고유한 노동자계급의 해방 사상 또는 완벽한 경제 혁명*의 사상을 이해하고, 주어진 현실의 조건에서 지혜로운 수단과 방책을 찾아 이 이행을 구체적으로 촉진하기 시작한다면, 자유인들의 연합은 더 이상 임박한 미래가 아니라 점차 우리의 현실로 전환될 것이다.

다시 말해 자본주의적 소유가 연합된 생산자들의 소유로 전환되고 이에 대응하는 생산자들의 관계와 상호작용하는 형태들이 성숙하는 것만으로, 계급과 계급의 대립으로 점철된 인류 최후의 전사前史 자본 공동체가 소멸하고 인류의 후사後史가 시작될 것이다.

더구나 자본주의 최초의 발전 단계인 사적 소유 자본주의 시대에서는 극히 예외적이고 특수한 국면에서만 이행의 자연 발

---

* "완벽한 경제 혁명"이라는 표현은 마르크스가 수많은 유형의 경제 혁명들 가운데 "새로운 사회구성체의 물적 기초를 창조하는"(칼 마르크스, 「6장. 직접적인 생산과정의 결과들」, 『경제학 노트』, 김호균 옮김, 이론과실천, 1989, 133쪽 등) 경제 혁명에 대해서만 적용한 개념이다.

생성이 성립되는 반면에,* 자본주의적 생산이 최고로 발전하는 주주 자본주의 시대에는 노동자들의 소유 경영 참여나 노동자 소유 기업으로의 전환 등이 웅변적으로 입증하고 있듯이 이행의 자연 발생성이 항상적으로 성립되며, 따라서 정치권력의 변동만으로 이행의 강력한 지렛대가 주어진다는 특성까지 있다.

어쨌든『자본론』공부 과정에서 특히 내가『자본론』제1권 제1편 제1장 제4절 '상품의 물신성과 그 비밀',『자본론』제3권 제5편 제27장「자본주의적 생산에서의 신용의 역할」,『국제노동자협회 창립 선언』,『고타강령 비판』,『프랑스 내전』을 검토하는 과정에서 대략 위와 같이 정리될 수 있는 마르크스의 이론적 진실을 알았을 때, 그 놀람과 충격은 이루 말할 수조차 없었다.**

* 자유인들의 연합으로 이행에서 극히 예외적이고 특수한 국면이란 최초의 노동계급의 정부가 성립한 1871년의 프랑스 사회, 그리고 1917년 2월 혁명 이후의 러시아 사회(즉, 레닌과 볼셰비키에 의한 10월 반혁명이 있기 전까지의 러시아 사회) 또는 1945년 해방 정국의 한반도 사회처럼 어느 날 갑자기 생산과정에서 자본가들이 사라져 버린 국면을 말한다. 또한 이 국면들에서 노동자들의 자연발생적 요구는 공통적으로 '철도는 철도 노동자들이 가죽 공장은 가죽 공장 노동자들이 소유 경영하는 자주 관리 회사'였으며, 오직 1871년 파리코뮌만이 이 이행을 촉진하고자 했다.

** 이때의 놀람과 충격, 그리고 이후 나의 서울 생활 등에 대한 글로는 2000년 9월경『월간 말』기고문「내가 자본론을 강의하는 이유」등이 있다. 내 블로그에서 검색하면 찾을 수 있다.

또한『자본론』공부 과정에서 인류를 위한 역사 최대의 발견 '자유인들의 연합'을 상호 관련된 전체로 이해했을 때, 내게 주어진 과제는 크게 두 가지일 수밖에 없었다.

첫 번째 과제는 마르크스의 이론적 진실을 '침묵의 땅', '역사의 공동묘지'에 파묻었던 이데올로기들을 찾아 걷어 내는 일이었고, 두 번째 과제는 마르크스가 밝힌 두 가지 강력한 지렛대(노동의 정치와 신용 제도의 활용) 이외에 주어진 조건에서 자유로운 공동체로의 이행을 촉진할 구체적인 수단들과 방책들을 찾아내고 실천하는 일이었다.

첫 번째 과제는『자본론』과 기타 마르크스 저작을 상호 관련된 전체로 연구하는 과정에서 어느 정도 해결할 수 있었고, 특히 내 책『자유인들의 연합체를 위한 선언』과『소유문제와 자본주의 발전단계론』(자유인, 1994)을 통해 세상에 내놨고, 최근에는「우리가 다시 마르크스를 읽어야 하는 이유」(계간지『삶이 보이는 창』2018년 여름호)와「자본주의 상이한 발전 단계 또는 이행의 경로」라는 글에서 이를 요약 제시했다.

그러나 두 번째 과제(주어진 조건에서 자유로운 공동체로의 이행을 촉진할 구체적인 수단들과 방책들을 찾아내고 실천하는 일)는 쉽지 않았다. 가난이라는 경제적 고통과 제주도라는 공간적 제약이 관련 논문이나 법 제도 등의 검토와 실천을 어렵게 했고, 결국 나는 이 과제를 실천적 과제로 전환시킬 수밖에 없었다.

12
절망의 끝자락에서 만난 희망,
나의 구세주 김윤 선배

『자본론』 강사, 그리고 이제는 제도권 정당이 된 민주노동당의 정책국장(경제 분야) 송태경 씨. 그는 '주류' 경제학자가 아니다. 더구나 '주류' 좌파와도 거리가 멀다. 서울대학교 김수행 교수를 스승이라 생각하지만, 자신이 말하듯 '정식 제자'는 아니다. ……

너도나도 마르크스를 '죽은 개' 취급하기 시작할 때, 이렇게 그는 『자본론』을 다시 읽기 시작했다. 12년이 지난 지금, 그는 "『자본론』은 아직도 내 삶의 일부이자 실천의 토대"라고 말한다. 송태경 국장은 민주노동당의 정책 하나하나에 마르크스의 성찰을 불어넣었다. 그 결과, 죽은 마르크스가 '송태경만의' 방식으로 살아났다. ……

송태경 국장의 시각은 진보 진영 내에서도 생경하고 이질적이라 평가받는다. 그러나 '진보는 대안이 없다'는 말을 비웃

기라도 하듯, 그는 구체적인 정책의 형태로 나름의 대안을 꾸준히 내놓았다. 또한 그는 우리사주제에 관한 국내 최고의 전문가로서 최근 대우종합기계 사원 인수 문제에 적극적으로 뛰어들어 싸우는 중이다.*

우석훈 박사와 함께 『88만원 세대』(레디앙, 2007)의 공동 저자이기도 하고 지금은 사회 비평가로 활동하는 박권일이 썼던 기사의 일부로, 박권일의 지적처럼 『자본론』의 통찰에 기댄 나의 시각은 대다수에게 최선의 경우조차도 "생경하고 이질적인 것" 또는 "금시초문의 생소한 것"이었으며, 따라서 그 이론적·실천적 유의미성은 당연히 이해될 수 없었다.

사실 제주에서 나고 자라고 공부한 내가 「임금, 이윤, 이윤율과 소유권의 관계」라는 논문을 들고 1992년 6월 상경했을 때, 독학 과정의 유일한 은사 김수행 교수님을 제외한 누구도 그 이론적·실천적 유의미성을 인지하지 못했다.

마르크스의 이론적 진실 '자유인들의 연합'을 들어 본 이조차 드물었고, 심지어 자신들의 우상 레닌이나 김일성 등을 모독했다는 이유로 격한 반응을 보이는 경우도 종종 있었다.

* 박권일, 「[민주노동당의 경제 해법_송태경 이코노믹스] 산업공동화 막는 해법은 노동자 참여뿐」, 『월간 말』 2004년 6월호.

내가 쓴 논문 검토를 약속해 주셨던 고 정운영 교수님은 나의 논문 그 자체에 대해서는 끝내 자신의 입장 표명을 유보하셨다. 내 논문이 자신에게는 하나의 신념이 된 국가독점자본주의론을 부정할 수 있는 충분한 논거가 아니며 더 많은 입증이 필요하다고 생각한다는 말씀만 내게 주셨다.

1980년대 사회구성체 논쟁으로 유명했던 이진경 씨가 그나마 최선이었다. 홍대 입구에서 만난 그는 지금도 또렷이 내 기억 세포에 새겨져 있는 진솔한 조언을 해 주셨다.

놀라운 정리를 하셨네요. 그렇지만 (당신의 정리는) 한국의 이론적 풍토에서 객관적으로 평가받지 못합니다. 불행한 일이지만 사실일 겁니다.

청산 직전에 있던 민중당을 뒤로하고 새롭게 꾸린 진보정당추진위원회(진정추)의 활동가 중에서 극히 일부가 내게 우호적인 반응을 보이며 정책위 상근을 논의해 보겠다고는 했으나, 정책위원회의 마은혁 선배님을 제외하고 누구도 내 논문을 살펴보려 하지 않았다. 심지어 "네까짓 게 뭔데 레닌을"이라는 반응을 보였던 분들이 다수였다.

또한 당시 진정추의 공동 대표의 한 사람이었던 주대환 위원장 정도가 "혁명은 엘리트 혁명이 아닌 노동자 중심의 혁명"이어야 한다며 대중운동의 중요성을 강조했던 로자 룩셈부르크Rosa Luxemburg, 헤게모니와 진지전의 안토니오 그람시Antonio Gramsci, 구조주의적 시각으로 『자본론』 분석을 시도했던 루이 알튀세르Louis Althusser에 대한 내 입장을 묻는 것으로 그쳤다.

주대환 위원장이 기억하실지 모르겠지만 이에 대한 내 대답은 대략 다음과 같았다.

로자의 대중운동의 중요성과 노동자 중심의 혁명, 그람시의 헤게모니와 진지전 물론 옳은 얘기입니다. 그러나 문제의 핵심은 혁명입니다. 그이들이 알고 있던 (1917년 10월 레닌과 볼셰비키의) 혁명을 나는 반혁명이라 확언합니다. 진짜 혁명은 자유인들의 연합으로 사회를 재편하는 것이며, 핵심이 틀렸습니다. (구조주의적 시각으로) 알튀세르처럼 접근하는 것은 『자본론』을 제대로 이해할 수 있는 방법이 아닙니다. 알튀세르의 얘기처럼 한 줄 한 줄 꼼꼼히 읽어야 하는 것은 사실이지만, 있는 그대로의 『자본론』을 분석의 원리에 따라 옳고 그름을 분별하며 상호 관련된 전체로 이해하고자 노력해야 합니다. 알튀세르처럼 자신의 입장이나 선입견 등을 우선하는 경우 『자본론』 이해는 알튀세르 자신이 입증하듯 실패할 수밖에 없습니다.

어쨌든 당시 진정추는 내 정책위 상근 문제를 내부에서 논의했던 듯싶고, 내가 진정추 사무실을 방문했던 한참 후에야 정책위 상근 결정이 났다는 연락을 보내왔으나, 이때는 내가 거절했다. 내가 느낀 당시 진정추 활동가들 다수의 정서로 볼 때 진정추를 통해서는 대안적 정치 운동을 전개할 수 없겠다는 판단을 했기 때문이다.

끝으로 한국 노동운동이 낳은 최고의 정책 두뇌라 할 수 있는 김유선 박사(현 한국노동사회연구소 이사장)가 있던 전국노동조합협의회(전노협) 정책실 상근에 우호적인 분들이 있었고 나 또한 원했으나, 당시 전노협의 상태에서는 쉽지 않은 일이었다. 전노협 정책실의 제안으로 가게 된 1992년 백기완 대통령 후보 선거 대책 본부의 상황도 나로서는 실망이었다.

한마디로, 1992년 서울의 여름은 내 인생에서 가장 참혹한 절망의 시기 중 하나였다. 그나마 중앙대학교에서 건축학을 전공하던 고마웠던 후배 방훈이 방학이라며 자신의 자취방을 비워 준 덕분에 당분간 거주 문제가 해결될 수 있었고, 또한 후배 방훈과 은사 김수행 교수님이 주선해 주거나 정보를 제공해 준 덕분에 나는 내 논문을 들고 많은 이들을 만날 수 있었으나, 어디에서도 나는 『자본론』을 통해 알게 된 이론적 진실을 실천에 옮길 만한 뚜렷한 실마리를 찾을 수 없었다.

그러던 어느 날 청산 직전에 놓여 있던 민중당의 상근자 안식 선배(현 법무법인 한결 대표 변호사)로부터 연락이 왔다. (법륜 스님이 이사장으로 있는) 불교사회연구소라는 곳이 있고, 이곳에서 대안 사회를 연구 중인데 나를 만나 보고 싶다는 것이다.

작은 키에 환한 웃음과 깊고 민첩한 사유의 소유자.

안식 선배의 소개로 불교사회연구소의 김윤 선배를 만났을 때 그이에 대해 내가 느낀 첫인상이다. 다시 말해 "군자君子는 말은 어눌해도 행동에는 민첩하다"는 공자의 말이 맞는다면, 그이는 금상첨화로 말까지 잘하는 군자의 풍모를 지닌 사람이었다(비록 지금도 그렇다 말할 수 없으나, 그때는 분명 그랬다).

더구나 그렇게 좋은 첫인상을 심어 준 김윤 선배는 나에게 마치 구세주의 음성처럼 들린 제안을 했다. 자신의 연구소에서 대안 사회, 특히 몬드라곤 협동조합에 대해 연구하는 그룹이 있는데, 거기에 합류하지 않겠냐는 것이다.

당시 매우 진지하고 까탈스러웠던 나였지만, 묻지도 따지지도 않고 흔쾌히 동의했다. 속으로는 '몬드라곤 협동조합을 연구한다니 이런 행운이 있나. 복이 넝쿨째 들어왔다'며 감사하기까지 했으나, 속내는 내색하지 않았다.

그랬다. 『자본론』 공부 과정에서 미국의 정치학자 로버트 달Roert A. Dahl의 탁월한 책 『경제 민주주의에 관하여』*A preface to Economic Democracy*(1986)*를 검토하며 처음 접했던 몬드라곤 협동조합은 내가 반드시 검토하고자 했던 연구 과제이긴 했으나, 가난이라는 경제적 고통과 제주도라는 공간적 제약 때문에 미뤄둘 수밖에 없었던 부분이었다.

한마디로 김윤 선배의 당시 제안과 불교사회연구소라는 연구 공간을 마련해 준 그이의 배려는 절망에 빠져 있던 나에게 그야말로 로또 수준의 행운이었고, 미천한 중생에게 천국의 열쇠를 준 것과 다름없었으며, 덕분에 나의『자본론』공부는 한 단계 더 성숙할 수 있었다. 절망에 빠져 있던 나에게 찾아온 구세주의 재림은 김윤 선배였던 것이다.

* 로버트 달,『경제 민주주의에 관하여』, 배관표 옮김, 후마니타스, 2011.

13
어깨너머로 배운 불교의 자연변증법

상품의 교환은 모순되고 서로 배타적인 조건들을 내포하고 있다. 상품의 발전은 이 모순들을 해소하는 것이 아니라, 이 모순들이 운동할 수 있는 형태를 제공한다. 이것은 일반적으로 현실의 모순이 해결되는 방법이다. 예를 들어 어떤 한 물체가 끊임없이 다른 물체를 향해 낙하하면서 동시에 그 물체로부터 끊임없이 떨어져 나간다는 것은 하나의 모순이다. 타원은 이 모순이 실현되는 동시에 해결되는 운동 형태다.*

제논Zenon ho Elea의 역설이든 창과 방패의 모순이든 이솝우화의 로도스섬 얘기든 거의 모든 모순은 마르크스의 이야기처

---

* 카를 마르크스, 『자본론』 제1권 제3장 제2절, 김수행 옮김, 비봉출판사, 2015, 135쪽.

럼 운동을 통해 해결된다. 또한 모든 대상이 모순되는 이중적인 측면이 있음을 이해하고 이를 유동 상태, 운동 상태로 파악하는 사유가 내가 이해하는 변증법이다.

"모든 것은 존재하는 동시에 존재하지 않는다"는 고대 그리스 사상가들의 정리나, 부증불감不增不減(늘어난 것도 아니며 줄어든 것도 아니다)이라는 불교의 반야심경 사상이 바로 변증법의 일반 원리를 표현하는 것들이다. 또한 헤겔 논리학의 정리(즉, 생성은 '존재와 무의 통일' 등)를 압축적으로 표현하면 다음처럼 정리될 수도 있다. "순수한 존재도 없고 순수한 무도 없다", "존재와 무의 통일이다."

돌이켜 보면, 내가 변증법적 사유를 어렴풋이 이해한 것도 꽤 오래된 일인 듯싶다. 어린 시절 수박씨의 발아에서 열매 맺음까지를 보며, 나는 참 많은 생각을 했었기 때문이다.

즉, 자신을 부정한 수박씨가 싹을 틔우고 줄기가 자라 꽃을 피우고 열매까지 맺었으나(변증법의 법칙에서 '두 대립물의 상호 의존과 배제 과정'을 통해 '부정의 부정'과 '양질 전화'의 결과로 열매까지 맺었으나), 열매가 병들고 썩어 버려 먹음직한 수박이 되지 못했을 때(부정의 부정과 양질 전화가 발전 또는 진보로만 이어진 것이 아니라 퇴행 또는 퇴보로 이어졌을 때), 인간의 일생도 이와 같지 않은가라는 생각부터 우주 자연의 생성과 변화 발전 그리고 소멸의 운동에 대해서까지 사유의 대상을 확대해 보려 했었기 때문이다.

또한 수박씨의 발아에서부터 열매 맺음까지의 필연과 그리고 필연에서 벗어나 먹음직한 수박이 되지 못한 우연과 퇴행을 보며, "필연은 우연을 배제하지 않으며, 일반적인 것은 예외적인 것을 배제하지 않으며, 보편은 특수를 배제하지 않는다"는 스스로의 정리와 "부정의 부정과 양질 전화의 결과가 발전 또는 진보만을 의미하는 것이 아니라 동시에 퇴행 또는 퇴보를 의미할 수도 있다"는 스스로의 정리로 이어졌기 때문이다.

더구나 변증법적 사유에 대한 어린 시절의 어렴풋한 이해 덕분에 나는 "인간의 의식이 그들의 존재를 규정하는 것이 아니라 반대로 그들의 사회적 존재가 그들의 의식을 규정하는 것이다"라는 마르크스의 유명한 정리도 남들보다 좀 더 일찍 이해했던 듯싶다.

참고로, 인간의 의식이란 주어진 환경에 선택적으로 상호작용(그 작용이 능동적일 수도 있고 수동적일 수도 있으며, 또렷하게 인지한 상태일 수도 있고 무의식적인 상태일 수도 있고, 상호작용의 결과가 발전의 방향일 수도 있고 정체 또는 퇴행의 방향일 수도 있다)하면서 형성되는 것이다. 따라서 주어진 환경은 인간의 의식에 대한 규정적 변수로 작용하며 매우 중대한 영향을 끼친다.

그러나 동시에 주의해야 할 것은 주어진 환경의 규정성이 인간의 의식을 주어진 환경의 부속물로 만든다는 의미는 결코 아니라는 점이다. 오히려 인간의 의식은 명백히 주어진 환경에 선택적으로 상호작용하는 결정 변수로, 규정적 변수로 작용하는 주어진 환경 자체를 변화시킬 수도 있다.

그러므로 "인간의 사회적 존재가 그들의 의식을 규정하는 것이다"라는 마르크스의 명제는 유기적 전체로 이해되어야 한다.

또한 북한의 주체사상과는 달리 사회의 주체이자 역사의 주체인 인간을 다음처럼 이해하는 마르크스의 지적은 지금의 명제를 이해하는 데 도움이 될 듯싶다.

인간은 자신의 역사를 만들어 가지만, 그들이 바라는 꼭 그대로 만드는 것은 아니다. 인간은 스스로 선택한 환경 속에서가 아니라, 이미 존재하는, 주어진, 물려받은 환경 속에서 역사를 만들어 가는 것이다.*

어쨌든 분석의 원리에 따라 한 줄 한 줄 꼼꼼히 검토하면서 이를 상호 관련된 전체로 이해하기 위해 노력했던 나의 『자본론』 공부 과정은 동시에 마르크스의 변증법, 즉 관념론적으로 전개한 헤겔Georg Wilhelm Friedrich Hegel의 변증법과 달리 실재적이고 유물론적으로 전개한 '유물론적 변증법'materialistic dialectic 또는

* 카를 마르크스, 「루이 보나빠르트의 브뤼메르 18일」,
『프랑스 혁명사 3부작』, 임지현·이종훈 옮김, 소나무, 1993, 162쪽.

'실재론적 변증법'realistic dialectic을 나의 것으로 소화하는 과정이
기도 했다.

그런데 어딘가 많이 부족했다. 변증법적 사유의 다채로움
을 1992년까지는 거의 경험해 보지 못했기 때문이다. 그리고 바
로 이 부족한 부분이 김윤 선배 덕분에 부분적으로 채워졌다.

즉, 김윤 선배의 제안과 배려는 내가 가장 존경하고 좋아하
는 선배 1순위의 자리를 늘 차지하고 있는 김성오 선배와의 인연
과 몬드라곤 협동조합 복합체에 대한 연구·검토 그리고 내가 공
공연하게 "따뜻한 지혜의 소유자 또는 지혜로운 천재"라고 부르
는 곽노현 교수님(전 서울시 교육감. 그이의 도덕적 선의가 범죄로 둔갑
해 지금껏 고생 중이시다)과의 인연으로만 이어진 것이 아니었다.

불교사회연구소라는 공간에서 나는 어깨너머로 불교의 자
연변증법 사상을 일부나마 훔쳐 배울 수 있었고, 내 부족함을 채
울 수 있는 부수적인 행운을 누렸다.

예를 들어, 종교적으로 예배하는 부처의 상은 허상이라거
나 또는 "모든 인간의 마음에 깨달음이 있으므로, 내가 곧 부처
(깨달은 자)요 부처가 곧 나(깨달음을 가진 자)이고, 그러므로 부처
는 자본주의사회를 살고 있는 지금도 갠지스강의 모래알처럼
많다. 그러나 동시에 그렇게 수많은 부처가 있음에도 누구도 사
회적 관계를 바람직하게 변화시켜 모든 인간을 구체적 현실에
서 해탈시키지 못했다"는 나의 정리는 김윤 선배 등과의 대화를

통해 내 방식대로 이해한 불교의 자연변증법 사상이다.

또한 정토淨土(깨달은 자 부처와 또 장차 깨달음을 얻게 될 사람들이 거주한다는 청정한 국토)를 구체적인 현실에서 실현하고자 대안 사회에 대한 연구에 관심이 많은 법륜 스님의 긍정적 측면을 나는 다시 보게 됐다. 비록 '내가 보기에' 법륜 스님은 처음 본 때나 지금이나 여전히 깨달음의 영역에만 머물러 계시지만, '그 긍정적인 측면에서는' 내가 경험했던 다른 스님들과는 많이 다름을 느꼈기 때문이다.

14
자유로운 공동체의 맹아
'몬드라곤 협동조합', 그리고 김성오

내게는 『자본론』만큼이나 열정적으로 사랑했던 사람이 있었고, 그 누구보다도 절실히 진정한 의미의 노동의 정치를 사랑했던 마음이 있었다. 그러나 『자본론』에서의 마르크스의 지적처럼 "진정한 사랑의 길은 결코 평탄하지 않다."*

내 젊음의 상당 기간을 쏟아부었던 '일하는 사람들의 희망' 민주노동당이 2008년 2월 자주파와 평등파의 극한 대립 과정에서 분당 사태 파국을 맞았을 때, 나는 절망했고 너무나 슬펐다.

자본의 정치에 대항해 주어진 자본주의사회의 현실 토대에서 더 나은, 보다 바람직한 상태로의 이행을 촉진하기 위한 정치(즉, 노동의 정치 또는 진보 정치)를 하고자 하는 활동가들이라면, 마

---

* 카를 마르크스, 「화폐 또는 상품유통」, 『자본론』 제1권 제3장, 김수행 옮김, 비봉출판사, 2015, 140쪽.

땅히 노동자계급의 삶을 위해 서로의 이념적 입장 등을 조금씩 양보·희생함으로써 타협하고 당을 혁신해야 했다.

그러나 그렇게 하지 않았다. 절절한 호소도 소용이 없었다. 그들에게 노동자계급의 삶이란 자신들의 낡은 이념의 뒤편에나 있는 또는 존재하지 않는 것이었다.

그들에 의해 당시로서는 유일한 해법이었던 심상정 비대위의 대안은 역사의 쓰레기통에 버려졌고, 노동의 정치를 위한 내 사랑은 한 차례 마침표를 찍었다.

양질 전화와 부정의 부정의 결과가 성장·발전이 아니라 급격한 정체·퇴행으로 이어질 수도 있음을 잘 알고는 있었고, 그랬기에 나는 공공연하게 "일하는 사람들의 희망이 될 가능성을 사랑할 뿐, 민주노동당 자체를 사랑해 본 적이 없다", "민주노동당이 실패할 확률은 여전히 80%나 된다"*고 얘기하고는 했었으나, 정작 그 실패가 현실로 다가왔을 때 정말 죽을 듯 아프고 죽을 듯 슬펐다.

그리고 이에 따른 내 맘의 병이 깊어지는 것만큼 내가 열정적으로 사랑했던 사람과의 관계도 악화되었다. 어느 날 한순간

---

* 민주노동당 기관지 『진보정치』 306호에 실린 오삼언 기자와의 인터뷰 기사 「민주노동당 자체를 사랑해 본 적 없다」 (2007/01/06) 중에서.

돌이킬 수 없는 상황으로 치닫더니, 결국 그 사람과 남이 되었다. 내 인생에서 가장 치명적인 아픔의 하나인 '아내와의 이혼'이 그렇게 찾아왔다.

내 목숨을 내놔도 아깝지 않을 것 같았던 두 개의 사랑을 나는 그렇게 잃었다.

미국 화이트 부부William Foote Whyte and Kathleen King Whyte의 명저 『몬드라곤에서 배우자: 해고 없는 기업이 만든 세상』(역사비평사, 2012)*의 역자 김성오 선배와의 인연은 위 두 개의 사랑과 깊은 관련이 있다.

불교사회연구소 김윤 선배의 제안과 배려로 내가 노동자 협동조합 복합체 몬드라곤 연구 그룹에 합류했을 때, 연구 그룹을 주도하고 있던 김성오 선배는 나를 매우 탐탁지 않게 대했다. "세상이 어느 땐데 아직도 마르크스냐, 세상 물정 몰라도 너무 모르는 사람 같은데 어떻게 같이 연구 작업을 할 수 있느냐"는 투였다.

그때는 충분히 그럴 수 있었다.

마르크스 이론의 위기 또는 파산이라는 말에서 한 걸음 더 나아가 '청산'이라는 말이 공공연하게 쓰이던 시점에서 『자본

---

    * 원저의 제목은 *Making Mondragon: The Growth and Dynamics of the Worker Cooperative Complex*이다.

론』에 대한 연구 논문 등을 들고 찾아온 제주 촌놈에 대해 선입견이 있을 수 있었고, 전문가들이라는 사람들조차 '금시초문의 생소한' 정치경제학 개념들을 구사하는 내 얘기가 쉽게 이해될 수도 없었으므로.

참으로 난감했다.

로버트 달의 『경제 민주주의에 관하여』 등을 통해 접했던 몬드라곤 협동조합은 분명히 "낡은 형태 내부에서 새로운 형태가 출현하는 최초의 실례"(『자본론』 제3권 제27장) "그 이상일 것"이라 추정되었고, 따라서 자유인들의 연합(자유로운 공동체)을 전면에 내세우고자 하는 내가 반드시 검토해야 할 연구 과제라 생각했으나, 이를 연구·검토할 수 있는 절호의 기회가 꽉 막혀 버릴 수도 있었던 것이다.

그러나 다행히 김성오 선배 그이의 처음 태도는 오래가지 않았다. 내가 자신이 알던 통상적인 마르크스주의자들과는 달리 정치경제학자의 시각에서 노동자 협동조합에 대해 매우 긍정적인 태도를 가지고 있음을 알았고, 특히 앞에서 서술한 바와 같은 사랑의 열병에 빠져 있던 당시의 내 때 묻지 않은 열정에 호의적 반응을 보였기 때문이다.

한마디로 김성오 선배는 내가 정리한 이론을 당장은 이해할 수 없었으나, 사랑의 열병마저 뒤로한 채 자유로운 공동체를 갈구하는 내 진심과 열정만은 명쾌히 간파했다. 이후 모든 것은 순탄해졌다.

덕분에 나는 몬드라곤 연구 그룹에서 이미 상당히 진척되어 있던 연구 자료들과 번역 자료들을 내가 소화한 정치경제학의 방법론에 따라 검토할 수 있었고, 매우 거칠지만 「몬드라곤 협동조합 복합체의 정치경제학적 의의」라는 소논문으로 정리해 이를 세상에 내놓을 수 있었으며, 그리고 이후 「자유로운 공동체 사회의 맹아: 몬드라곤 협동조합 복합체의 구조적 특징과 원칙들」을 추가로 정리할 수 있었다.

당시의 내 연구 결과를 요약하면 다음과 같다.

'종업원 공동소유와 직접 민주주의 원칙에 따른 자율 경영 및 능력에 따른 균등 분배'를 운영의 원리로 하여 생산과 금융, 유통과 농업, 그리고 기술과 교육 및 사회보장 분야를 포괄하는 방대한 규모로 성장한 그리고 탄력적으로 팽창하는 몬드라곤 협동조합 복합체에 하나의 유의미성을 부여한다면, 이미 그것은 '낡은 형태의 내부에서 새로운 형태가 출현하는 최초의 실제적인 사례'의 수준을 넘어 '자유롭게 생산과정에 결합한 노동자들이 생산수단을 공동으로 소유하고 생산을 의식적·계획적으로 통제하는 자유인들의 연합의 맹아'로까지 발전하고 있다고 해야 옳을 것이다.

왜냐하면 몬드라곤 협동조합 복합체는 '자본주의 제도가

가진 모든 결점을 재생산할 가능성'을 동시에 내재하고 있는 '협동조합적 소유의 치명적인 결함'을 여러 가지 독특한 원칙들을 성숙·발전시켜 최소화함으로써 계급과 계급이 대립하는 낡은 계급 관계를 역사의 무덤 속에 묻으려 하기 때문이며, 자본주의적 경제 질서로부터 파생되는 수많은 문제들이 해결될 수 있는 구체적인 가능성을 제공하고 있기 때문이다.

또한 울고를 핵으로 하는 공업 협동조합과 신용협동조합(협동조합은행 카자CAJA)과의 유기적 결합, 에로스키를 핵으로 하는 소비자 협동조합의 결합, 라나(농산물 가공·판매 협동조합), 미바(화학비료 등의 생산 협동조합), 베히-알데라(축산물 생산 협동조합), 아르트사(양돈 협동조합) 등 농업 관련 협동조합의 설립을 통한 농업의 유기적 결합, 알레르코(학생 협동조합), 이켈란(공업기술연구 협동조합) 등을 통한 교육과의 유기적 결합, 사회보장 협동조합(라군-아로)의 유기적 결합 등으로 짜인 몬드라곤 협동조합 복합체는 곧 경제생활 전체를 '노동 중심의 협동적 생산 공동체'라는 하나의 유기적인 시스템An organic-system으로 재편함으로써 자본주의 경제나 사회주의로 자신을 포장했던 국가주의 경제와는 전혀 다른 경제적 사회구성체를 형성할 수 있는 현실적 가능성을 내포하고 있기 때문이다.

그러나 다음과 같은 사실은 인정해야 한다.

비록 몬드라곤 협동조합 복합체가 자본주의적 생산관계로

부터 발생하는 수많은 문제들을 '대부분' 해소하고 있거나 해소할 수 있는 충분한 가능성을 제공하고 있을 뿐만 아니라 노동자들에 의한 기업 공동소유와 민주주의 원칙에 따른 자율 경영 및 능력에 따른 균등 분배의 원리를 확대·심화시킴으로써 '자유인들의 연합의 맹아'로까지 발전해 있다고 하더라도, 현재로선 결코 극복할 수 없는 몇 가지 치명적인 한계도 동시에 포함하고 있다.

첫째, 내부적으로 자본이 온존하며, 따라서 자체의 내적 모순에 기인하는 문제들이 상존한다.

이것은 무엇보다도 해당 협동조합에 결합하는 노동자들이 일정한 액수의 출자금을 가져야만 소유자의 일원이 될 수 있다는 사실로부터 발생하는 문제들이다. 비록 몬드라곤 협동조합들이 이익의 누적 원칙이나 임금노동자 고용 제한의 원칙, 신규 노동자 조합원에 대한 출자금의 대출과 장기 상환 등의 방식으로 문제를 최소화하고 있지만, 근본적으로 해소되지 않고 있으며 또한 경우에 따라선 임금노동자의 고용 등에서 심각한 수준으로 발전하기도 한다.

(참고로 덧붙이면, 몬드라곤 협동조합에서 최초이자 유일한 파업이었던 1974년 노동자 조합원들의 파업은 내부적으로 자본이 온존하고 있다는 모순으로부터 불가피하게 파생되는 기능 자본의 문제로부터 발생한 문제였고, 2013년 10월 파고르전자 가전 부문의 파산은 노동자 협동조합의 기본 원

칙을 배제한 채 세계 경쟁에서 자본의 외형 확대만을 추구한 결과였다.)

둘째, 자본주의사회라는 환경으로부터 주어지는 규정성 때문에 발생하는 문제들이 상존한다. 예컨대, 몬드라곤 협동조합들도 세계 자본주의경제의 경기순환 과정에 상응하는 팽창과 수축 현상 및 자본주의적 경쟁으로부터 자유롭지 못하며, 또한 이에 상응하여 발생하는 고용 조정의 문제에서 근로시간의 적절한 단축을 통해 효율적으로 대응하지 못할 수 있다. 또한 차입 자본 의존의 필요성에 상응하는 금리 문제도 상존하고 있으며, 특히 협동조합 은행 카자는 수신 경쟁에서 안정적인 차입선을 확보하기 위해 스페인 평균 수준 또는 그 이상으로 예금 이자를 지불하고 있다.

이와 같은 검토를 통해 부수적으로 김성오 선배와 나 사이에는 공유 지점 하나가 생겼다. 즉, 몬드라곤 협동조합의 사정이 이와 같다면, 우후죽순처럼 자라나며 시장을 지배하는 거대한 구질서 자본주의적 기업들을 어떻게 할 것인가라는 지점에서 '노동자들의 소유, 노동자 기업 인수'라는 해답을 공유하게 됐고, 이는 내가 김성오 선배를 처음 만난 1992년이나 지금이나 한결같다.

더구나 이와 같은 사유 체계의 공유를 통해 1998년 이후부터 얼마간 김성오 선배와 나는 문보경, 한호연, 박노근, 곽노현,

김신양, 이성수 등과 함께 노동자 기업 인수employee buy-out, EBO 운동을 주도했고, 자유로운 공동체의 맹아인 노동자 소유 기업들을 우리 사회에서도 가시화할 수 있었다. 인천의 키친아트(2001년)나 대구의 광남자동차(2002년)가 이런 사례들이고, 성공한 노동자 자주 관리 기업으로 자주 거론되는 청주의 시내버스 회사 우진교통(2005년) 역시 이 같은 흐름의 연장이다.

참고로 김성오 선배는 『자본론』 독학 과정의 유일한 은사 김수행 교수님과 함께 내 이론적 정리의 대강을 공감은 못 해도 이해해 준 사람 가운데 한 명이다.

왜냐하면 김성오 선배는 내 책 『자유인들의 연합체를 위한 선언』(1993)에 대해 쓴 추천의 글 「새로운 이론적 시도에 대한 단상短想」에서 내가 마르크스의 고유한 관점인 생산력과 생산 관계(생산관계의 법률적 표현인 소유관계)를 통해 경제적 시대와 경제적 시대의 발전 단계를 구분 이해하고 있다는 사실을 자신의 사유 방식으로 명확히 이해하고 있을 뿐만 아니라, 국가에 대한 내 이론적 정리(공동체의 사업 수행 기능의 담당자로서 역할하고, 바로 그러한 역할을 수행하기 위해서 사회적으로 조직되고 집중된 힘으로서 사회의 상부에서 사회를 지배하는 지배 기구)와 마르크스가 밝힌 자유로운 공동체로의 이행의 강력한 두 지렛대(노동의 정치와 신용 제도의 활용)를 주목하고 있으며, 내 이론적 정리와 주장의 주요한 특징 중 하나로 "그에 의하면, 모든 투쟁은 생산자들의 소유권

확립을 위한 직접적이고 전국적인 투쟁을 중심으로 배치되어야 한다. 정치투쟁은 소유권 투쟁의 한 형식이며, 정치혁명은 경제 혁명(소유 혁명)의 한 계기"라고 소개하고 있기 때문이다.

『나는 빠리의 택시운전사』(창작과 비평, 1995), 『쎄느강은 좌우를 나누고 한강은 남북을 가른다』(한겨레신문사, 1999)의 저자이기도 하신 홍세화 선생님이 1999년 처음 귀국하셨을 때다.

늘 존경하는 홍세화 선생님은 민주노동당 상근자들과의 자리에서 가장 가까운 사람들끼리의 사소한 입장 차이와 갈등이 증폭되는 경우가 가장 위험하다는 취지의 얘기를 하시면서 특히 일하는 사람들의 희망을 가꿔 가는 민주노동당 중앙당의 상근자들은 누구보다도 서로에 대한 톨레랑스(관용)와 존중과 애정을 가질 필요가 있음을 역설하셨다. 그러면서 지나가는 말로 내게 물으셨다. 송태경 선생이 여기서 가장 존중하는 사람은 누구냐고.

나는 대답하지 않고 그저 환하게 웃었다. 홍세화 선생님의 말뜻은 이해했지만, 직설적인 측면이 많은 나로서는 내가 가장 존중하고 좋아하는 사람은 '김성오'로 그 자리에 없었기 때문이다.

그랬다. 1992년 7월 김성오 선배를 만난 이후, 내 사유 체계에서 볼 때 동의할 수 없는 수많은 지점이 그이에게 있기는 하나 '자유로운 공동체의 맹아 몬드라곤 협동조합과 노동자들의 소유'에 대한 입장을 그때 이후 나와 함께 한결같이 공유하고 있는 김성오 선배는 내가 가장 좋아하고 존중하는 선배 1순위의 자리를 늘 차지한다.

그리고 나 또한 진심으로 열망한다.

젊은 마르크스가 보았던 노동자 협동조합 운동의 부정적 측면이 아니라, 중년 이후 성숙한 마르크스가 보았던 노동자 협동조합 운동의 긍정적 측면*이 김성오 선배가 주도해 온 노동자 협동조합 운동을 통해 우리 사회에서도 성장하기를 열망한다. 스페인 바스크 지방의 몬드라곤 협동조합만큼이나, 아니 그 이상으로.

그리고 진심으로 바란다.

노동자 기업 인수 등을 통해 모든 자본주의적 기업들을 연

---

* 젊은 마르크스가 보았던 노동자 협동조합 운동의 부정적 측면이란 특히 1852년의 『루이 보나파르트의 브뤼메르 18일』에서 노동자 협동조합을 소수의 구원을 위한 "공론적 실험"이라고 이해한 부분이다(카를 마르크스, 「루이 보나빠르트의 브뤼메르 18일」, 『프랑스 혁명사 3부작』, 임지현·이종훈 옮김, 소나무, 1993, 162쪽). 또한 중년 이후 성숙한 마르크스가 보았던 노동자 협동조합 운동의 긍정적 측면이란 『자본론』, 『국제노동자협회 창립 선언』, 『프랑스 내전』 등등에서 "낡은 형태 내부에서 새로운 형태(자유로운 공동체 사회의 형태)가 출현하는 최초의 실례"(카를 마르크스, 「자본주의적 생산에서의 신용의 역할」, 『자본론』 제3권 제27장, 김수행 옮김, 비봉출판사, 2015, 568쪽)로 노동자 협동조합을 이해한 부분이다.

합된 생산자들의 소유로 전환할 수 있기를, 그리고 이에 대응하는 상호작용의 형태들과 행위 양식이 성숙하여 마침내 모든 인간이 실질적으로 자유롭고 풍요로운 세계, 자유로운 공동체에서 살 수 있기를.

15
내 사회적 삶 속으로 들어온 경제민주주의

일곱 살 때 처음으로 바다를 보았다. 제주항에서 그리 멀리 떨어져 있지 않은 화북의 별도봉(베리오름) 기슭에서.

태어나 여섯 해를 살았던 내 고향 '하늘'(한자 표기 '한흘', 현재 명칭 '대흘')이나 인접 마을 '곱은달이'(달이 숨는 마을이라는 뜻, 현재 명칭 '대흘2리')는 제주의 중산간 마을들로 바다를 보기 힘든 곳이었고, 마을 어른들이 말하는 '바당'(바다의 제주 방언)은 어린 나에게 신비한 그 무엇이었다.

제주시로 이사 오던 날 차창 너머로 바다를 볼 기회가 있었지만, 곤히 잠들어 볼 수 없었다. 참으로 보고 싶었고, 따뜻한 어느 봄날 바다를 보고 오리라 결심했다.

처음으로 내 눈에 들어 온 제주 바다는 따뜻한 봄날을 품고 너무나 맑고 시원하게 탁 트여 있었고, 지구 자연을 경계로 끝 모를 푸른 하늘과 맞닿아 있었다.

그것은 어린 내게 신선한 충격이었고, 지구 자연을 경계로 무한히 열려 있는 세상인 동시에 지구 자연을 경계로 닫혀 있는 새로운 세계였으며, 지구 자연에서의 내 삶을 생각해 보게 하는 계기였다.

특히나 별도봉이라는 공간은 단순한 자연 공간이 아니라 제주 사람들의 삶과 죽음의 경계 그리고 제주 4.3의 참혹한 아픔까지 응축되어 있는 사회적·역사적 공간이기도 했는데 이런 공간의 특수성이 내 사유를 자극했다.*

특히 내가 학교 공부를 접었던 중2 시절부터 고교 시절까지 나는 간혹 속상한 일이 생기거나 날씨가 맑은 주말이면 소설책이나 또는 이해되지도 않았던 철학책을 들고 처음 내가 바다를

* 별도봉(베리오름)은 제주시에서 볼 때 제주항을 마주하는 사라봉과 연이어져 있는 오름이다. 제주 말로 베리는 '절벽 또는 낭떠러지'를 뜻한다. 실제로 바닷가 절벽 등을 가진 오름이다. 제주 사람들의 삶과 죽음의 경계를 가르는 자살바위가 바로 그곳에 있고, 그곳에서 삶을 마감한 사람들은 종종 사라봉과 경계를 이루는 별도봉 아래 바닷가인 '실내구석'으로 떠오르곤 했다. 또한 별도봉 기슭을 따라 화북 바다 방향으로 내려가면 제주 4.3 참상으로 불타 없어지고 마을 주민들은 모두 살육당하면서 사라져 버린 마을 곤흘동이 있으며, 별도봉으로 도망친 사람들을 토벌하기 위해 벌채를 했기 때문에 내 어린 시절만 해도 벌거숭이 민둥 오름이었다. 이처럼 내가 찾던 별도봉은 자연적 공간인 동시에 사회적·역사적 공간이었고, 특히 아주 가끔 그곳에서 삶을 마감한 사람의 주검이 실내구석에 떠오르는 걸 어린 시절 직접 본 일도 서너 번이나 있다.

보았던 별도봉 기슭을 찾았다. 그리고 내 사유의 맹아들이 그 공간에서 형성되었다.

비록 바로 그 공간에서 읽은 수많은 철학책들을 나는 도통 이해할 수도 없었지만, 내 삶의 책 가운데 한 권인 에리히 프롬의 『사랑의 기술』을 만났고, 소중히 아끼는 마음이자 더불어 함께하고자 하는 마음을 뜻하는 사랑이 '일반적으로' 인간의 사회적 본성 가운데 하나임을 알았다. 특히 10대 후반의 어느 날 홀연히 내 삶 속으로 들어온 에리히 프롬의 『사랑의 기술』은 개인적으로는 내 삶의 지표가 된 '사회적 사랑'을 깨닫게 해줬을 뿐만 아니라, 사랑의 원리에 반하는 자본주의 원리가 도대체 무엇인가라는 의문을 내게 최초로 던진 책이기도 하다.

"시간, 우주의 흐름을 시계열적으로 표현한 것 따라서 되돌릴 수 없는 것"이라는 나의 정리도 그때 생겨났고, "지구상의 모든 생명 유기체 중에서 오직 인간만이 단 한 번뿐인 삶의 기회를 자기 개성의 빛깔대로 살아가고자 스스로 자각하고 행동할 수 있는 존재"라는 사실도 그때 알았다.

그러므로 제주 바다를 처음 본 별도봉 기슭의 공간은 내 사회적 사유의 시작점 또는 질적 비약의 계기점이다.

내 사회적 삶의 한 단면을 대표하는 경제민주주의도 이와 같았던 내 사회적 사유의 시작점처럼 뚜렷한 계기가 있었다.

수많은 논문을 뒤적거리던 과정에서 경제민주주의라는 용

어를 접하고, 이후 로버트 달의 명저 『경제 민주주의에 관하여』까지 검토했지만, 그것은 어디까지나 『자본론』 공부 과정에서 검토해야 할 하나의 연구 과제로 취급되었고, 내 사회적 삶의 한 단면을 대표할 수 있는 용어나 사상으로 생각하고 인지하지는 못했었다.

어쨌든 경제민주주의 사상이 내 사회적 삶의 하나가 되는 뚜렷한 계기를 제공한 사람은 내가 공공연하게 "따뜻한 지혜의 소유자이자 지혜로운 천재"라고 부르는 곽노현 교수님이다.

그이의 도덕적 선의가 어느 날 사후 매수죄라는 범죄로 둔갑해 고생 중이라는 걸 이제는 많은 사람들이 알게 되었지만, 어쨌든 바로 그 때문에 자신의 뜻을 펼칠 기회는커녕 자신의 사회적 동료여야 할 사람들에게까지 버림받아야 했던 사람. 대다수에게는 법학 그리고 인권이나 교육 전문가로만 알려진 사람.

이런 곽노현 교수님을 처음 만난 건 내가 소화한 경제학의 방법론, 즉 생산력과 생산관계 및 이의 법률적 표현인 소유관계의 관점에서 몬드라곤 협동조합 복합체를 검토하고, 검토의 결과를 매우 거칠지만 「몬드라곤 협동조합 복합체의 정치경제학적 의의」라는 소논문으로 정리해 세상에 내놓았을 즈음이므로, 아마도 1992년 10월의 끝자락일 것이다.

나의 글 「따뜻한 지혜의 소유자, 곽노현」(2010/03/22. 내 블로그 검색)에서 이미 밝혔듯이, 존경하는 김윤 선배와 김성오 선배가 곽노현 교수를 만나 보라고 권했을 때 내 반응은 '시큰둥' 그 자체였다.

당시 나는 내 논문(「임금, 이윤, 이윤율과 소유권의 관계」)을 들고 학자나 이론가라는 사람들을 만날 때마다 이미 크게 상처받고 있었다. 그리고 이 때문에 끊임없이 새로운 것을 배우려고 노력하는 창조적 열정보다 또다시 상처받을지도 모른다는 두려움이 앞섰다.

자유로운 공동체(자유인들의 연합)로의 이행 문제에서 실천적으로 중요했기 때문에 내가 지극히 관심이 있었던 세 가지 분야(법률과 법학, 경제민주화와 기업민주화, 협동조합 등)를 두루 섭렵한 사람이라는 김성오 선배의 얘기도, 앞서 상처들이 없었다면 내 호기심을 자극하기에 충분했으나 귀에 들어오지 않았다.

그랬다.

상처받기 두려워 만남을 기피했으나, 결국 만났고 그 한 번의 만남으로 내 사회적 삶에서 결정적 계기의 하나를 제공해 준 사람. 그이가 바로 곽노현이다.

나는 곽노현에 대해 다음처럼 썼었다.

혜화역 근처에서 그이를 만났을 때, 내가 그이에게 어떤 얘기들을 했었는지는 잘 기억이 나지 않는다. 아마도 나는 그이에게 채 다듬어지지 않은 얘기들을 대단히 거칠게 했을 듯싶고, 그이가 생각하는 것들에 대해 이것저것 질문했던 듯싶다. 그이도 내게 많은 얘기를 해줬는데, 당시 했던 얘기 중에서 구체적으로 기억에 남아 있는 것은 그리 많지 않다. 그렇지만 두 가지 느낌은 아직도 선명하다. 그이의 사회·경제·교육 문제에 대한 풍부한 대안들에 대해 크게 감탄했다는 것과 그이의 대부분 얘기에 대해 '깊은 공감'을 했었다는 것이 바로 그것이다.

기억에 남아 있는 것들의 대강을 정리하면 이랬다.

그이는 헌법 등을 공부하러 간 미국에서 우연찮게 회사법을 전공했다고 했다. 또 그 과정에서 사회·경제·교육 문제의 바람직한 대안에 관심이 쏠렸고, 박사 학위논문도 미뤄 둔 채 연구를 했다고 한다. 인권이라는 보편적 가치를 그때 제대로 이해했고, 인권은 자신의 삶의 기초가 되었다고 했다.

그이는 내게 너무나 과분한 평가를 해 주는 것도 잊지 않았다. "등 뒤에 큰 장검 하나 차고 절세의 고수가 중원 무림에 등장한 느낌이다." 그이의 과분한 평가에 걸맞게 내가 살아왔는지는 의문이나, 어쨌든 그이는 내가 가진 독특한 정책 능력을 한눈에 알아봐 준 세 사람 중의 한 분이다(다른 두 사람은 이재영 씨와 고 김진균 교수다).

뜻이 통해서였을까. 그이의 희망도 내게 얘기해 줬다. 그이의 희망은 지금도 내가 가지고 있는 책의 어딘가에 다음처럼 메모로 남아 있다. "사람답게 살려는 것은 모든 이의 꿈과 이상일 수 있다. 이런 꿈과 이상은 실현되기만 기다린다. 나는 그 꿈과 이상을 촉진하고 싶다."

다른 한편 그이에게는 다른 이들에게서 보기 힘든 탁월한 재능과 지혜도 있다. 주어진 문제를 신속하게 이해하는 능력, 현명한 대안을 찾아내는 능력, 그렇게 찾아낸 대안을 실현시키는 능력 등등. 인권 분야에서 국가인권위원회라는 해법 찾기는 그이의 이런 재능과 지혜를 보여 주는 하나의 사례에 불과하다.

더구나 그이의 이렇듯 탁월한 재능과 지혜는 어쩌면 우리 모두의 꿈과 희망일 수 있는 '사람답게 산다는 꿈'을 구체적으로 촉진하고자 할 때 열정적으로 빛을 발한다는 점에서 이채롭고 따뜻하다. 지혜로움은 누구나 가질 수 있지만, 모든 이를 위한 '따뜻한 지혜'를 가진 사람은 드물다. 곽노현 그이는 이렇듯 드문 예외에 속한다. 쉬이 찾아볼 수 없는 따뜻한 지혜를 가진 드문 예외.*

그리고 첫 만남이 있던 그날, 나는 곽노현 교수님에게서 내 눈에 처음으로 들어왔던 제주 바다를 보았다.

따뜻한 봄날을 품고 그렇게나 맑고 시원하게 탁 트여 있던

---

* 「따뜻한 지혜의 소유자, 곽노현: 내가 아는 곽노현 교수에 대해」(2010/03/22) 중에서. 내 블로그에서 검색하면 찾을 수 있다.

그리고 지구 자연을 경계로 끝 모를 푸른 하늘과 맞닿아 있던 바로 그 제주 바다를 곽노현의 사유 체계를 통해 보았다. 그의 사유 체계는 그때의 제주 바다처럼 사람답게 살려는 모든 이의 꿈과 이상을 위해 무한히 열려 있었고 동시에 바로 그 꿈과 이상을 촉진하기 위한 경계로 닫혀 있었다.

첫 만남이 있고 며칠 후, 김성오 선배가 말했다. 선배가 내게 애정을 담아 말할 때의 그 특유의 감정을 싣고.

(곽노현 교수님) 잘 만나고 왔냐. 어떻든, 그 사람? 그 사람 한때 경제민주주의에 미쳐서 박사 논문도 미뤄 두고 그것만 팠던 사람이야.

김성오 선배의 그 얘기에 나는 한순간 멍했다. '경제민주주의가 도대체 뭐길래 사람답게 살려는 꿈과 이상을 촉진하고 싶다던 곽노현 그이를 사로잡았을까'라는 생각이 내 두뇌를 스쳤고, 동시에 경제민주주의에 대한 명료한 개념 정의도 하지 못한 채 내가 그 용어를 사용하고 있었음을 깨달았기 때문이다.

그런데 이것은 나만의 문제가 아니었다. 우선 내가 당시 가지고 있던 자료들을 재검토했지만, 어디에도 경제민주주의에 대한 온전한 개념 정리조차 찾을 수 없었다. 심지어 상당수는 영국 페이비언사회주의의 이론적 지도자 시드니 웹Sidney Webb과 베아트리스 웹Beatrice webb 부부가 처음으로 사용하기 시작한 '산업 민주주의'를 경제민주주의와 같은 용어로 혼용해서 사용하고 있기까지 했다.*

* 페이비언사회주의는 지구전법持久戰法을 쓰는 로마의 장군 파비우스Fabius Maximus(B.C.275~B.C.203)의 이름을 따서 1884년 영국에서 결성된 페이비언협회Fabian Society가 추진한 사회주의를 말한다. 조지 버나드 쇼George Bernard Shaw와 시드니 웹이 협회의 리더였고, 베아트리스 웹은 조지 버나드 쇼나 시드니 웹 못지않은 (아니, 내가 보기에는 그 이상이라 평가할 수 있는) 페이비언사회주의의 핵심 이론가였다.

계급 혁명이 아니라 사회진화론의 입장에서 민주적인 수단에 의한 점진적이고 유기적인 사회 개혁을 강조했고, 노동조합운동에 의한 산업민주주의industrial democracy의 추진, 의회 민주주의에 의한 점진적인 사회 개혁 달성 등을 목표로 했다. 영국 노동당 창당의 모태이자 핵심 주류가 페이비언사회주의자들이었다. 참고로, 버나드 쇼는 노벨 문학상 수상자이자 놀랍도록 섬세한 음악 평론가, 영국 역사상 가장 중요한 극작가의 하나이자 정치·경제·사회를 아우르는 사회 비평가로 평가되는 인물이다. 시드니 웹은 런던 정치경제대학의 창립자이며, 1922년 노동당 의장, 1924년 제1차 노동당 내각에서 상무부 장관President of the Board of Trade 등을 지냈다. 베아트리스 웹은 당시 영국의 시대 상황 탓에 자신의 독자적인 이름이 아니라 '웹 부부'로 자신을 외화시켰던 여성 사회학자였다. 영국의 사회·빈곤 조사에 막대한 공헌을 했으며, 내셔널 미니멈(국민 생활의 최저 기준 원칙)을 제안하는 등 복지국가의 토대를 놓았다. 또한 노동과 빈곤에 대한 구체적인 연구와 분석은 모두 베아트리스 웹의 몫이었으므로, 아마 웹 부부의 이름으로 나온 1879년의 『산업민주주의』도 주요 저자는 베아트리스 웹이었을 것이라 나는 추정한다. 또한 로버트 오언Robert Owen에 의해 시작된 협동조합 운동의 중심축을 노동자 협동조합에서 소비자 협동조합으로 전환

참고로, 산업민주주의는 산업의 영역 특히 노사 관계의 영역에서 제한된 범위로 사용되는 경제민주주의다. 또한 산업민주주의라는 용어를 사용하는 사람들 대부분은 산업의 영역 또는 노사 관계의 영역에서조차 소유 문제로까지 이 개념을 확장해서 사용하지 않는다. 조세·재정의 영역이나 토지 자본의 영역 등 다른 경제적 관계의 영역들에서의 경제민주주의를 산업민주주의라는 용어로 포괄할 수 없음도 자명하다.

다음의 지적으로도 충분하듯이, 내가 보기에 곽노현 교수님이 당시로서는 최상의 인식 수준을 보여 주셨지만, 그의 접근은 일정한 한계가 불가피한 법학적 접근 또는 정치 민주주의적 접근으로 이해되었다.

경제민주화는 문자 그대로 경제 현상의 민주화, 곧 경제 현상에 대한 민주적 참여와 통제의 강화를 의미한다. 경제민주화가 결여되면 대부분의 사람들은 경제 과정 소외에서 비롯되는 무관심과 무지 상태에 빠지게 된다. 반면 경제 과정을 독재하고 경제 과실을 독점하는 소수의 특권층이 전체 사회의 지배자로 군림하게 된다. 그 결과 경제 비효율과 경제 부정의가 횡행하는

퇴행시킨 사람도 '웹 부부'로 알려져 있지만, 실제로는 베아트리스 웹이었을 것이다.

134

것은 물론 정치과정과 문화 의식이 경제 중심, 경제적 강자 중심으로 왜곡되면서 민주주의는 껍데기만 남게 마련이다. 경제의 토대적 성격 때문이다.

한편에서는 경제 무지와 경제 소외, 그리고 다른 한편에서는 경제 독재와 경제 독점을 초래하는 가장 큰 원인, 즉 경제 현상에 대한 민주적 참여와 통제를 가로막는 가장 큰 요인은 사유재산권의 편중 현상이다.*

결국 나에게는 또 다른 연구 과제가 생겼다. 자유로운 공동체로의 이행 문제를 실천적으로 풀어 가고자 할 때 경제민주주의 사상이 이에 불가피하게 연동될 수밖에 없음을 이론적 본능으로 알게 되었고, 자기 정리 수준에서라도 정치경제학적 접근을 통해 경제민주주의 사상을 소화할 필요가 있었다. 그리고 얼마 후, 『자본론』 공부의 성과를 바탕으로, 나는 경제민주주의에 대한 다음과 같은 결론을 끌어낼 수 있었다.

자유와 평등은 시장경제를 지탱하는 기본적인 두 요소이자 서로가 서로를 보완하는 행동 양식으로, 경제민주주의는 바로 이

---

* 곽노현, 「한국의 경제헌법과 경제민주화」, 『민주법학』 9권, 민주주의법학연구회, 1995.

자유와 평등의 침해나 차별 또는 불평등 상태에 놓인 시장 참여자들이 이를 시정·해소하거나 또는 평등을 도모해 달라는 자연발생적인 요청으로부터 성립된 사상이다. 따라서 시장경제 자체의 요청으로 성립된 사상인 경제민주주의 또는 경제민주화란 말 그대로 경제생활에 참여하는 사람들의 경제적 관계에서 차별과 불평등을 시정하거나 해소하는 것 또는 평등을 도모하여 경제생활 참여자들의 자유와 평등 및 풍요를 증진하는 것이다.

경제민주주의가 실현되어 경제생활에 참여하는 모두가 다 실질적으로 자유롭고 평등하게 된다면, 경제 영역에서의 사회 계급이란 존재할 수 없다. 따라서 계급과 계급이 대립하는 낡은 자본주의는 바람과 함께 사라져 버릴 것이다. 그리고 만일 이리 될 수만 있다면 그것은 곧 마르크스가 『고타강령 비판』에서 얘기했던 '실질적으로' 능력에 따라 일하고 능력에 따라 분배받는 자유로운 공동체의 첫 단계와 같은 것이 된다. 실제 그러하다면 경제민주주의는 참으로 인간답고 아름다운 개념이다.

참고로 자본과 임노동 관계의 영역 또는 현대 경제의 뼈대·골격에 해당하는 기업에서의 경제민주주의 실현은 어렵지 않게 이해할 수 있다.

즉, 현실에 이미 존재하는 몬드라곤 협동조합들이나 종업원 소유 기업들이 웅변적으로 입증하듯이, 자유롭게 생산과정에 결합한 노동자들이 기업을 공동으로 소유하게 되는 경우 그들은 모두 동등한 권리가 있는 사람들이 되며, 따라서 이 경우 그들은 기업을 민주적으로 자율 경영해야 할 뿐만 아니라, 노동의 성과를 그들 스스로 정한 기준에 따라(자본 주도로 정한 기준이 결코 아니라 그들 스스로 정한 기준에 따라) 자율적으로 분배하고 소비하게 될 것이며, 끝으로 이에 대응하는 상호작용의 형태들과 행위 양식들이 성숙할 때 기업에서의 경제민주주의는 실현될 것이다.

그러나 채권-채무 관계의 영역이나 부동산-임대차 영역, 국가와 국민과의 관계에서 형성되는 조세-재정의 영역 등에서 경제민주주의를 진전시키는 것은 누구나 사유해 볼 수 있으나, 단순한 진전이 아니라 경제민주주의 '실현'을 이해하는 것은 쉽지 않을 것이다.

예를 들어, 채권-채무 관계의 영역에서 경제민주주의가 실현되려면, '일반적으로' 이 독특한 경제적 관계 자체가 소멸되지 않으면 안 된다. 왜냐하면 화폐자본(또는 금융자본)은 100을 빌려줬다면 그 대가인 이자와 합쳐 예컨대 110을 받아야 하며, 따라서 채권-채무 관계는 준 것만큼 받는 평등한 관계가 아니라 준 것보다 더 많이 받는 본질적으로 불평등한 관계이기에, 이 관계에서 경제민주주의는 온전히 실현될 수 없다.

그렇다고 이 관계를 전제로 특수한 예외가 성립되지 않는

한 준 것만큼 받게 강제할 수도 없다. 돈을 빌려주기 위해서도 일정한 수고가 필요할 뿐만 아니라 회수하지 못할 위험성이 동시에 동반되며, 따라서 최선의 경우에야 본전인 거래를 채권자가 해야 할 이유란 어디에도 없다(여기서 특수한 예외란 채무자의 파산 등으로 회수 불능 사태가 발생해서 채권자가 어쩔 수 없이 양보해야 하는 경우 등이다).

한마디로 채권-채무 관계의 형성 자체가 '본질적이고' '일반적으로' 불평등을 전제한 관계이며, 따라서 이 영역에서 경제적 평등이 온전히 실현되기 위해서는 관계 자체의 소멸이 필연이다.

그러나 과연 "태곳적부터 있었던" 또는 "(노아의) 대홍수 이전부터 있었던" 이 관계를 소멸시킬 수 있을까. 한눈에 보기에도 쉽지 않은 또는 매우 어려운 난제로, 따라서 대단히 출중한 이론가들이라고 해도 문제의 해법을 찾기가 쉽지 않다.

마찬가지로, 부동산-임대차 영역(토지 자본의 영역), 국가와 국민과의 관계에서 형성되는 조세-재정의 영역 등에서 경제민주주의를 실현하기 위해 노력하다 보면 동일한 문제가 발생한다. 토지 자본의 소멸, 국가 소멸의 문제가 풀리지 않는 한 이 영역들에서의 경제민주주의 완성은 영구 미해결의 과제일 수밖에 없다.

그러나 우리가 난제 중의 난제여서 위와 같은 문제를 풀지 못한다 해도 실망하거나 또는 도달할 수 없는 이상향으로 단정하거나 좌절할 필요는 없다. 인류는 언제나 사회적 모순에 봉착했을 때 생각하기 전에 행동해 왔기 때문이다.

모든 채무자가 돈을 빌릴 필요 없이 자유롭고 풍요로워진다면 채권자는 돈을 빌려주고 싶어도 빌려줄 수 없게 되고, 이 경우 채권-채무 관계는 소멸할 것이다.

생산수단으로 사용되는 모든 토지-부동산이 생산자들의 소유로 재편되고, 개인적 소비로 들어가는 모든 토지-부동산이 개인적 소유로 재편된다면, 부동산-임대차 관계도 소멸할 수밖에 없다.

사회의 적대성이 소멸한다면, 이를 조절하기 위해 사회적으로 조직되고 집중된 힘, 즉 지배 기구로서 국가의 기능도 소멸해 갈 것이고, 사회보장처럼 국가에 혼재되어 있는 공동체를 위한 기능들만 사회에 남게 될 것이다.

모든 생산과 이에 대응하는 분배가 자유롭게 생산과정에 결합한 연합된 생산자들에 의해 연대와 협동의 원리에 따라 조정·통제되는 과정이 성숙하면, 자본주의적 경쟁의 문제는 당연히 사라질 것이며 개별 생산 유기체들 사이의 불평등도 사라져 갈 것이다.

한마디로 우리가 모든 자본주의적 생산양식을 자유로운 공동체(자유인들의 연합)의 물적 토대인 연합된 노동의 생산양식으로 이행시켜 가는 동안, 이에 연동된 관계와 문제들 역시 변화되어 갈 것이고, 우리가 생각하기 전에 경제민주주의는 실현되어 갈 것이다.

경제민주주의를 연구했던 선행자 곽노현 교수님 덕분에 나는 경제민주주의에 대해 『자본론』의 연구 성과를 토대로 정치경제학적인 접근을 할 수 있었고, 자유로운 공동체로의 이행을 촉진하기 위한 사상으로 받아들일 수 있었다.

그리고 이렇게 내 사회적 삶 속으로 들어온 경제민주주의는 내 사회적 삶의 한 단면을 대표하는 사상이 되었고, 자유로운 공동체로의 이행 문제를 실천적으로 풀어 갈 때에도 훌륭한 버팀목이 되어 주었다.*

김윤 선배가 얘기했던 것인지 불교환경교육원의 유정길 선배가 했던 얘기인지 지금은 분명치 않으나, 곽노현 교수님과의 만남에 대해 새로운 사유의 세계가 열릴 것이라 했는데 진짜 그랬다. 곽노현 교수님과의 만남 덕분에 정치경제학적으로 정리된

---

* 참고로, 경제민주주의에 대한 내 오랜 사유의 대강을 나는 최근에 털어 버릴 수 있었다. 「문재인 대통령의 경제민주주의가 가야 할 길」(『한겨레신문』 2017/06/19), 「평등 빠진 '경제민주주의'는 반쪽짜리다: 로버트 A. 다알의 경제민주주의, 의미와 약점」(〈프레시안〉 2017/06/28), 「어떤 평등이 어떤 자유를 위협한다는 말인가?: 자본의 민주주의 vs. 경제민주주의」(〈프레시안〉 2017/06/29)가 그것이다.

경제민주주의 사상이 내 삶 속으로 들어올 수 있었고, 교수님 그이와의 대화 과정을 통해 "법, 생산관계의 반영"이라는 마르크스의 명제를 좀 더 풍부하게 소화하고 법률적 대안까지 작업할 수 있는 행운을 덤으로 누렸다.

16
『자본론』 강의를 시작하다

　『자본론』 강의를 시작할 때 내가 수강자들에게 반드시 해주는 세 가지 얘기가 있었다.

　『자본론』은 무엇인가에 대한 간단한 정의, 내가 왜 분석의 원리에 따라 강독하는가, 그리고 끝으로 정치경제학은 사회 구성원들의 삶의 문제를 다루는 영역으로 마땅히 신중하고 지혜로워야 한다는 강사로서의 개인적 당부가 바로 그것이다. 거칠게 할 수도 있고, 풀고 풀어서 하기도 하는데, 대략 정리하면 다음과 같다.

　우리가 공부하려는 『자본론』은 '현대사회를 지배하는 자본'에 대한 책입니다. 자본의 생성, 자본의 변화와 발전(정체 또는 퇴행을 포함하는 변화·발전), 끝으로 결국은 자본주의사회가 새로운 사회 자유인들의 연합으로 이행해 간다는 얘기(즉, 자본의 소멸)를 담고 있습니다.

저는 『자본론』을 마르크스의 세 가지 방법론(연역법, 분석법, 유물론적 변증법) 중에서 분석의 원리에 따라 강독합니다. 있는 그대로의 『자본론』을 옳고 그름을 전체와의 관련에서 한 줄 한 줄 따져 가며 꼼꼼히 검토하고 관련된 전체로 이해할 수 있어야 비로소 마르크스의 천재성을 발견할 수 있습니다. 다시 말해, 유기적 전체 속에서 무엇이 있는가를 분명히 알아야 비로소 옳고 그름 등을 제대로 분별할 수 있으며, 무엇을 할 것인가 또는 주어진 조건에서 문제 해결을 위한 최선의 해법이 무엇인지 찾을 수 있기 때문입니다. 마르크스의 이런저런 오류까지 우리가 받아들여야 할 이유는 없기 때문입니다.

『자본론』은 이전까지의 정치경제학을 비판적으로 연구·평가하여 이를 집대성한 정치경제학의 완성 체계로 정치경제학 이외에 다른 그 무엇일 수 없으며, 정치경제학이라는 하나의 학문을 배제하기 위한 어떤 다른 학문인 것도 아닙니다. 혹자는 『자본론』의 부제가 '정치경제학 비판'이므로 이를 기계적으로 이해해서 『자본론』을 정치경제학이 아닌 다른 그 무엇, 예컨대 '자본주의 비판의 무기' 또는 '마르크스주의 사상서'쯤으로 얘기하나, 이는 『자본론』의 단면만을 얘기하는 것으로 옳지 않습니다.

또한 인간의 사회적 삶의 토대인 경제적 생활 과정 및 이에 대응하는 경제적 관계들과 상호작용하는 형태들을 관련된 전체로 연구·이해하고, 이로부터 발생하는 문제들을 해결하려는 학문인 정치경제학은 사회 구성원들의 삶의 문제를 다루는 영역으로 마땅히 신중하고 지혜로워야 합니다.

이렇게 시작하는 『자본론』 전문 강의를 나는 1992년 초부터 2011년까지 때로는 규칙적·지속적으로 때로는 불규칙적으로 했다. 1권 전체를 낱낱이 분석하고 2권과 3권 및 기타 마르크스의 저술들에 있는 핵심적 내용들을 접목해 강독하는 방법으로.
참고로 내가 2011년을 끝으로 『자본론』 강의를 멈출 수밖에 없었던 이유는 지금 민생연대에서 하는 일, 즉 불법 사채 피해자들에 대해 무료 법률구조를 하는 일로 인한 과로 때문이다. 그즈음부터 나는 『자본론』 강의를 도무지 엄두에도 못 낼 만큼 상담 과로에 시달려야 했고, 당장 목숨이 오갈 수도 있는 이들을 위해 내 『자본론』 강의를 멈췄다.
비록 이는 내 사회적 삶에서 가장 큰 즐거움을 줬던 일 하나가 사라지는 것이었고, 그렇게 사라진 『자본론』 강의를 지금도 재개하지 못하고 있지만, 후회는 없다. 수많은 이들의 삶과 맞바꾼 것이기도 하고, 특히 내 상담을 통해 희망을 찾아간 사람들의 모습을 통해 내 삶에서 가장 치명적인 아픔이었던 '아내와의 이혼'을 견뎌 낼 수 있었기 때문이다.

145

첫 수강자였던 후배이자 친구 민혁은 이런 나의 『자본론』
강의에 대해 다음처럼 기록하고 있다.

대학교 4학년 때 지금도 존경하는 어느 선배에게서 『자본론』을
배웠다. …… 아무튼 그때 선배는 『자본론』 제1권의 문장을 한
줄씩 읽어 주었는데, 어찌된 일인지 혼자 읽을 때는 전혀 모르
겠는 문장들이 형이 읽기만 하면 그 의미가 어떤 마법을 가진
듯 귓전을 때리며 내 정신 안으로 들어왔다. 아마도 확신에 찬
형의 강독과 설명이, 텅 비어 있었을 내 정신을 세차게 채워 주
었던 것 같다. 형은 버스 안에서도 내가 물어보면 그 자리에서
서슴없이 책을 펼쳐 들고 강독을 해 주었다. 그야말로 새로운
정신세계였다.[*]

비록 첫 수강자였던 민혁은 "형에게서는 헤겔의 냄새가 너
무 난다(나는 유물론적 변증법자이므로, 이는 너무나 당연하지만)"고 안
좋은 의미로 이야기하거나, 심지어 옳고 그름을 분별하려는 내
비타협적인 태도 및 이에 따른 내 주장마저 '다름'으로 치환·해
체해서 종종 내게 상처를 입히기도 하지만, 있는 그대로의 『자본
론』을 놓고 옳고 그름을 분별하려는 내 『자본론』 강의의 특성

* 강민혁, 『자기배려의 책읽기』, 북드라망, 2019, 518쪽.

146

가운데 하나를 가장 잘 소화한 친구이기도 하다. 그리고 그때 이후 민혁은 지금껏 소중한 벗으로 남아 있다.

내『자본론』강의의 마지막 수강자이자 이제는 철학자의 길을 걷기 시작한 장원은 내『자본론』강의 소감에 대해 다음처럼 말한다.

> 선생님의『자본론』강의 내용은 (일반적으로 통용되는 통념들과는 너무나 다른) 독창적인 사유 체계다(따라서 현실의 이데올로기적 지형에서는 받아들여지기 힘들다).

장원의 이 말은 1980년대 사회구성체 논쟁으로 유명했던 이진경 씨가 내게 했던 진솔한 조언과 같은 맥락의 반응으로, 내『자본론』강의 특성의 다른 측면을 반영한다.

『에퀴티: 회사에 공헌한 사람들이 마땅히 그 회사를 소유해야 합니다』*를 공역한 이동한 박사는 내가『자본론』강의를 통해 맺게 된 인연 중에서 가장 소중한 인연의 하나다.

비록 이동한 박사는 2008년 민주노동당 분당 사태의 파국

---

* 존 케이스·코리 로젠·마틴 스타우버스,『에퀴티: 회사에 공헌한 사람들이 마땅히 그 회사를 소유해야 합니다』, 이동한·곽주원 옮김, 지식공작소, 2007.

을 거치면서 스스로를 분별 정립하여 '(진보 정치 영역을 떠난) 나와는 다른 자신의 길을 갈 것'이라며 소원疏遠해졌으나, 핵심 중의 핵심에 해당하는 기업 소유 문제에 대해서만큼은 내 사유 체계의 상당 부분(아마도 전부는 아닐 터이다!)을 자신의 것으로 소화한 몇 안 되는 인물이자, 동시에 '일반적으로' 인간의 사회적 본성임에 분명한 '사회적 사랑의 감정'*이 도드라진 인물로 분명한 실천 의지를 가지고 있는 인물이다.

어쨌든 2019년 현재 이동한 박사는 다른 경로로 나와 좋은 인연을 맺고 있는 문종인 박사, 그리고 부유세의 김정진 변호사와 함께 정의당에서 정책을 다루고 있고, 이동한 박사가 나를 소원하게 대하는 것과 무관하게 나는 그이를 응원한다. 사회적 짝사랑인 셈이다.

---

* 인간은 사회적 동물로 다른 모든 사회적 동물들처럼 '소중히 아끼는 마음이자 더불어 함께하려는 마음'이라 정의할 수 있는 사랑의 감정을 누구나 가지고 있다. 또한 이 감정은 개인적 감정인 자기애인 동시에 사회적 감정인 사회적 사랑이다. 맹자에게는 '차마 남의 고통을 외면하지 못하는 마음'(불인지심不忍之心)으로 나타나는 이 감정은 명백히 모순되지만 에리히 프롬이 통찰했듯 '진정한 자기애'로부터 비로소 성숙할 수 있다. 왜냐하면 진정한 자기 사랑으로 자신을 다듬고 성숙시키지 않는 한 '제대로 사랑할 줄 아는 능력'은 생겨날 수 없으며, 이 경우 사회적 사랑은 일시적·예외적·불규칙적으로 드러날 수 있을 뿐 성숙한 형태로 드러나지 않기 때문이다.

참고로 이동한 박사와 함께 『에퀴티』를 공동으로 번역한 곽주원 박사도 내 『자본론』 강의 수강자 가운데 한 명이었고, 민주노동당 정책위 시절(민주노동당이 가장 건강했던 시절) 훌륭한 정책 동료이기도 했다.

어쨌든 나는 내 고향 제주에서 후배들을 상대로 『자본론』을 처음 강의했었고, 이후 존경하는 김윤 선배의 배려로 불교사회연구소의 연구 공간을 빌려 대중을 상대로 하는 『자본론』 전문 강의를 시작할 수 있었다.

그리고 많은 인연이 생겨났다. 아주 가끔은 '자신과 함께하지 않았다'는 이유로 또는 '자신의 입장과 나의 입장(특히 레닌이나 소비에트 유형의 사회에 대한 나의 입장)이 다르다'는 이유로 나에게 치명적인 슬픔을 남겨 주고 떠난 이도 있었고, 또 아주 가끔은 내가 매우 소중하게 대했던 친구가 정치적으로 반대 진영에 가담해 그 진영을 위해 적극적인 행위를 함으로써 나를 크게 실망시키고 아프게도 했었으나, 그 드문 예외들을 제외하면 내 사회적 삶의 좋은 인연들 대다수는 그렇게 생겨났다.

천하의 길치였음에도 불구하고 『자본론』 강의를 위해 서울의 주요 대학 대부분을 돌아볼 수 있었고, 덕분에 『자본론』 공부에 필요한 관련 논문들도 서울대 도서관 등을 이용해 손쉽게 구해 볼 수 있었다.

노동조합 활동가들의 요청으로 하게 되는 강의는 대부분 해당 노동조합 사무실을 방문해서 했으므로, 주어진 기업 현황을 외부에 공개된 기업 자료(주로 감사 보고서 등)와 노동조합 활동가들 자신이 기업에 대해 느끼는 생각들과 대비해 보면서 검토해 볼 수 있는 좋은 기회를 제공해 주기도 했다.

더구나 가르침은 동시에 배움이었다. '이 문제는 어떻게 더 쉽게 설명해야 하는지' 또는 '관련 자료나 설득력 있는 사례는 어떤 게 있는지'부터, '현실에서 발생한 어떤 경제 현상을 『자본론』이 제공하는 통찰로 어떻게 설명하는 것이 좋을지', 또는 '이 통찰을 응용해 어떻게 해결하는 것이 최선일까' 하는 문제의식까지 내『자본론』공부는 강의 과정을 통해 조금씩 더 풍성해졌다.

심지어 지금 내가 다루고 있는 고리대자본의 문제(불법 사채 문제)도『자본론』강의 수강자의 질문과 사연 소개로부터 비롯됐다.

주변에 사채 때문에 힘들어하는 사람이 있는데, 『자본론』에서 이런 문제도 다루나요?

내가 이에 대해『자본론』제3권 제36장「자본주의 이전의 관계」의 주제가 바로 고리대자본의 문제로 여기서의 마르크스의 통찰을 응용하면 일반적인 해결책 정도는 찾을 수 있다고 답변했더니, 너무나 사정이 딱한데 선생님이 좀 시간을 내서 해결책을 찾아 줄 수 없느냐 한다.

나는 내 책 『대출 천국의 비밀』(개마고원, 2011)의 저자 인터뷰에서 다음과 같이 이야기했다.

1993년 가을쯤입니다. 우연하게 사채 빚에 쫓기던 어떤 아주머니와 그이의 큰딸이 처한 딱한 처지를 듣게 되었습니다.

재래시장에서 야채 가게를 하던 아주머니는 늙은 시어머니의 병원비가 다급한 마음에 사채업자로부터 급전 대출(7일, 10일, 15일 등 단기간에 사채업자가 요구하는 원금과 이자를 갚는 방식의 대출)을 받았고, 그것이 화근이 되어 빚에 쫓기는 처지가 되었습니다. 남편을 일찍 여의고, 두 딸 아이의 엄마로 며느리로 어렵게 생계를 꾸려 왔지만, 사채 문제가 생기기 전까지만 해도 남부러울게 없었다고 합니다. 그러나 사채 빚에 쫓기면서부터 모든 것이 꼬이기 시작했습니다. 생계의 유일한 근거지였던 야채 가게를 정리하면서까지 빚을 갚았지만, 사채업자가 요구하는 원리금은 도무지 감당할 수 없었습니다. 급기야 당시 대학생이었던 큰딸까지 사채업자의 빚 독촉에 시달리는 상황에 내몰리게 되었다고 합니다. 특히 사채업자는 큰딸에게 유흥업소 선불금(대개 성매매가 동반되는 업소에서 일하는 것을 조건으로 업소 주인이 제공하는 돈)으로 빚도 갚고 학자금 등도 해결하면 되지 않느냐며 유흥업소에 나갈 것을 집요하게 강요까지 했습니다.

다른 한편 절망과 한숨, 고통과 체념, 두려움과 공포와 같은 단어들만을 연상시키는 그이를 마주하면서 스스로의 능력의 한계를 동시에 절감할 수밖에 없었습니다. 당시 저는 제 나름대로 정치경제학을 제대로 공부했다는 자부심과 자본주의 문제라면 일반적 해법 정도는 모두 알고 있다는 자만심조차 없지 않았는데, 정작 두 모녀의 문제를 해결할 방법에 대해서는 아는 것이 아무것도 없었기 때문입니다. 비록 신문과 관련 자료를 뒤적이고 이곳저곳 수소문한 끝에, 큰딸을 협박한 부분에 대해서는 형사 고소하고 채무 문제에 대해서는 당시의 이자제한법(최고금리 연 25%)을 근거로 채무부존재 소송 등을 법원에 제기하는 방식으로 문제를 풀 수 있다는 해법을 찾아냈고, 두 모녀의 문제를 푸는 데 도움을 줄 수 있었습니다. 하지만 이는 어디까지나 두 모녀의 문제를 해결할 수 있는 구체적인 방법을 고민한 결과였을 뿐입니다.

　　이때의 경험은 내 『자본론』 공부와 사회적 실천에서 하나의 전환점 같은 사건이기도 했다. 왜냐하면 바로 이때의 경험이 '『자본론』의 통찰을 바탕으로 하는 대안적 정치 운동을 하기 위해서는 실생활의 깊은 곳까지 들어가 함께 호흡해야 한다'는 사실을 깨닫게 해 주는 동시에 내가 좀 더 세밀한 연구를 시작한 계기였기 때문이다.

즉, 그때의 경험은 "매우 부당한 고리대금의 희생양이었음에도 완벽히 버려진 그 아주머니처럼(지금도 이런 사정이 크게 나아진 것은 아니다!), 한국 자본주의라는 환경에서 일상을 경험적으로 살아가는 사람들에게 정치적 희망이 되기 위해서는 문제에 대한 구체적인 해법과 피부에 와닿는 정치적 활동이 필요함을 일깨워 주었고", 특히 나를 손자병법에 대한 세밀한 연구로 이끌었다.

부수적인 수확도 있었다. 스스로 멍청한 자만에 빠져 "배움을 갈망하는 자, 모름을 솔직히 인정하고 누구에게나 겸손히 배워야 한다"던 김진균 교수님의 가르침을 까맣게 잊고 있었음을 깨달았을 뿐만 아니라, "무지는 충분한 이유가 될 수 없다"(따라서 스스로의 무지를 벗어나기 위해 끊임없이 탐구하고 노력할 필요가 있다)는 철학자 스피노자의 가르침을 이때 비로소 체감했던 것이다.

한마디로 나의 『자본론』 공부는 내 사유가 멈출 때까지 끝이 없게 된 것이다. 돌이켜 보면, 내 인생에서 가장 행복했던 시절은 『자본론』 전문 강사 시절이었다. 비록 학생들이 주요 대상이었던 강의에서 수강료 수입은 최소한의 생활비를 빼고 그이들과 술을 마시거나 또는 책이나 자료를 구해 보는 비용으로 소비했었고, 특히 주요 수입원이 되었던 노동조합 활동가들을 상대로 했을 때의 강의 수입 역시 어렵게 투쟁하는 사업장의 노동자들에게 마찬가지로 최소 생활비를 제외하고 익명 기부하는 등으로 소비해 버리곤 했었기에, 그때의 『자본론』 강의가 동시에 개인적 풍요로 이어지지는 않았으나, '침묵의 땅', '역사의 공동묘지'에 파묻혀 있던 마르크스의 이론적 진실인 자유인들의 연합을 열정적으로 알리는 것만으로도 나는 충분히 행복할 수 있었다. 정말 그랬다.

지금은 『월간 말』에 「내가 자본론을 강의하는 이유」 기사가 실렸던 연세대학교 2000년 8월 강연 사진만 달랑 하나 남아 있지만, 내 인생에서 가장 행복했던 시절 그때가 바로 『자본론』 강의에만 전념했던 시절이었다.

17
마르크스 이론에 대한 오해 또는 편견

청출어람靑出於藍이라는 말이 있다.

'푸른색은 쪽藍에서 나왔지만, 쪽빛보다 더 푸르다'라는 뜻으로, 제자가 스승보다 더 나음을 비유하는 고사성어다. 내게도 사연이 있다.

1996년 초여름이었다. 은혜로운 스승 김수행 교수님과 통화 중에 이전 해인 1995년에 태어난 내 아들 진혁을 보고 싶다 하시기에 교수님과 사모님을 내 고향 제주로 초대했다(나는 아이를 양육하기 위해 1995년 2월부터 1997년 5월 사이에 제주에 있었다).

이곳저곳 안내해 드렸고, 내 어린 시절 사유의 공간 별도봉 기슭도 보여 드렸다. 그때 교수님이 드넓게 펼쳐진 제주 바다를 보며 내게 하신 말씀이 청출어람이다.

쪽빛 바다를 보고 자란 젊은 열정이라, 젊음은 새파란이니 청출어람이 자네를 두고 하는 얘기일 수도 있겠네. 거기다 자네 아들 이름도 리얼 레볼루션Real Revolution(진짜 혁명, 진혁)이니, 자네는 반드시 자네 아들 이름처럼 청출어람 해야 한다네. 항상 열심히 하시게.

그랬다. 나의 『자본론』 공부에서 독학 과정의 유일한 은사 김수행 교수님은 나를 자신의 한계에 가두지 않으셨다. 오히려 서투른 제자가 청출어람 해 주기를 진심으로 원하셨다. 서투른 제자의 거친 주장들까지 진지하게 귀담아들어 주셨고, 나와의 대화를 통해 자신의 입장을 조금씩 수정해 가셨다. 교수님의 사유 체계는 비록 자신의 사회적·역사적 한계 내에서였지만 타당한 것을 받아들이기 위해 열려 있었다.

정치경제학과 일반 경제학을 분별 정립해야 한다는 내 입장*을 끝내 받아들이지는 않으셨으나, 마르크스주의 경제학에서

* 오늘날의 경제학은 "현대사회의 경제적 생활 과정(마르크스의 엄밀한 정의에 따르면 자본주의적 생산양식)과 이에 대응하는 경제적 관계나 상호작용의 형태들을 연구·이해하고, 이로부터 발생하는 문제들을 해결하려는 학문"이라고 정의할 수 있는 정치경제학과 같은 의미의 용어로 사용되고 있지 않다. 왜냐하면 오늘날의 경제학은 정치경제학과는 달리 자본주의경제의 경제적 생활 관계 그 자체를 문제 삼지 않는다. 오히려 오늘날의 경제학의 지배적인 담론은 자본에는 이윤·이자가 토지 또는 부동산에는 임대 수입(지대)이 노동에는 임금이 국가에는 세금이

'주의'를 배제하고 '마르크스경제학'으로 분별 정립하셨다.*

　　『자본론』이 '현대사회를 지배하는 자본'에 대한 책으로 자본의 생성, 그리고 변화·발전(정체 또는 퇴행을 포함하는 변화·발전), 끝으로 소멸, 즉 '결국은 자본주의사회가 새로운 사회, 자유인들

대응하는 현상을 기정사실로 놓고 자원의 효율적인 확보와 사용 및 효율적인 배분을 주요한 문제로 취급하며, 자본주의경제의 경제적 생활 관계 그 자체까지 문제 삼는 정치경제학과 자신을 분별 정립하고 있다. 한마디로 주어진 현상을 기정사실로 놓고 가치의 실체가 인간 노동이라는 사실, 현재의 경제적 관계에서는 적대적 분배 모순 등이 불가피하므로 관계까지 변화시켜야 한다는 사실 등을 정면으로 부정하고 세워진 사유 체계가 오늘날의 경제학이다.

　　따라서 정치경제학은 오늘날의 경제학(일반 경제학)으로부터 자신을 분명하게 분별 정립하여 경제적 생활 관계의 변화 그 자체까지 문제 삼고 이를 해결하려는 학문으로 스스로를 규정할 필요가 있다. 또한 다수 대중들을 상대할 때도 마르크스경제학이라고 하는 것보다, 경제적 문제들을 정치적으로 해결하려는 학문이라 설명하거나 서술하는 것이 훨씬 더 설득력 있고 평이하다. 참고로 내가 이해한 바에 따르면, 정치경제학의 창시자 가운데 한 사람인 윌리엄 페티 이후 정치경제학을 체계화한 애덤 스미스나 이를 발전시킨 데이비드 리카도, 끝으로 이전의 정치경제학 체계를 『자본론』으로 집대성한 마르크스 모두 정치경제학을 경제 현상을 연구·이해하여 이로부터 발생한 문제를 해결하기 위한 학문(즉, 문제 해결을 위한 정치적 행위를 필요로 하는 학문)으로 취급했고, 또 이를 전제로 정치경제학political economy이라는 용어와 '경제학'economics이라는 용어를 혼용해서 사용했다.

　　* 　내가 보기에 교수님은 마르크스에게 자신을 가둬 두는 것이 『자본론』을 지키는 일이라 생각하신 듯싶고, 이 때문에 교수님은 『자본론』을 처음부터 정치경제학이라는 독특한 학문으로 취급했던 나와는 달리 마르크스라는 형식으로부터 해방되지는 못하셨다.

의 연합으로 이행해 간다는 얘기를 담고 있다'는 내 입장도 처음에는 쉬이 수용해 주지 않으셨으나 결국 상당 부분 받아들여 주셨다.

그럼에도 불구하고 나의 『자본론』 공부 과정은 마르크스 이론에 대한 오해 또는 편견으로 무장한 사람들을 종종 만나야 하는 과정이기도 했고, 때로는 그 오해 또는 편견이 '핵심적인 진실의 왜곡에 해당할 때' 날카롭게 정정할 필요도 있었다.

최근에도 그랬다. 다른 곳도 아닌 마르크스경제학의 위기와 대안을 모색하는 사회경제학회에서 발제자 한 분의 얘기에 나는 발끈했다. 나름 『자본론』을 통독하기도 하셨다는 발제자 그분은 마르크스가 이윤율 저하 법칙 때문에 자본주의가 붕괴하고 확정된 공산주의가 올 것이라 했는데, 이런 동태적 목적론은 잘못된 것이고, 이런 것들을 수정해야 지금의 정치경제학 재생산의 위기를 풀어 나갈 수 있다는 취지로 발제를 했다.

내가 보기에 발제자분의 얘기는 마르크스의 '이윤율 저하 경향의 법칙'에 대한 직접적인 왜곡이었고, 목적론과는 전혀 관계가 없는 자유인들의 연합(자유로운 공동체)과 이행의 문제에 대한 왜곡이었다.

참고로, 다시 한번 강조하지만, 자유인들의 연합은 마르크스가 의도적으로 구상하거나 목적한 사회가 아니다. 자유인들의 연합은 자본주의적 생산양식의 운동 법칙 중에서 소멸의 운동 법칙에 따르는 필연적인 경향이며, 이전까지의 정치경제학을 비판적으로 연구하는 과정에서 통찰력의 소유자 마르크스에 의해 발견된 사회였다.

또한 사회의 발전 단계를 뛰어넘을 수도 없고 법령으로 이를 폐지할 수도 없지만, 이행을 촉진할 수는 있기에 인류의 실질적 자유와 풍요 등을 위해 이행을 촉진할 수단과 방책 등이 필요했을 뿐이며, 그리고 이와 관련하여 마르크스가 찾아낸 두 가지 주요한 방책은 노동의 정치와 신용 제도의 활용이다.*

---

* 여기서 내가 사용하는 노동의 정치는 마르크스에 고유한 의미의 프롤레타리아독재(따라서 엥겔스나 엥겔스의 할아버지의 프롤레타리아독재도 아닌, 또는 블랑키Louis Auguste Blanqui나 바뵈프주의자들의 프롤레타리아독재나 프롤레타리아라는 용어도 아닌, 레닌이나 그 아류들에 의한 프롤레타리아독재도 아닌, 마르크스에 고유한 의미의 프롤레타리아독재)의 다른 말로, '완벽한 경제 혁명'의 결과 비로소 뚜렷한 윤곽을 가지게 될 자유인들의 연합과의 직접적인 관련에서만 성립되는 개념이다. 그리고 이는 동시에 자유인들의 연합(자유로운 공동체)과의 상호 관련성을 무시하는 그 어떤 개념도 마르크스에 고유한 의미의 프롤레타리아독재가 될 수 없다는 뜻이다. 노동의 정치와 함께 이행을 위한 또 하나의 강력한 지렛대 신용 제도에 대해 마르크스는 다음과 같은 지적을 남겼다.

자본주의적 생산양식으로부터 연합된 노동의 생산양식으로의 이행 과정에서 신용 제도가 강력한 지렛대로 역할하리라는 것은 의심의 여지가 없다. 그러나 신용 제도는 생산양식 그것의 기타의 대규모 조직적 변화들과 관련하여 다만 하나의 요소로서 역할할 뿐이다(카를 마르크스, 「자본주의적 이전의 더구나 기가 막혔던 것은 발제자의 태연한 왜곡에 대해 누구 하나 문제 삼는 이 없고, 이를 당연한 사실처럼 또는 객관적인 학자의 견해로 받아들이는 사회경제학회의 분위기였다.

　나로서는 견딜 수 없었다. 계급 해방 또는 계급 소멸의 문제, 따라서 사회 구성원들의 더 나은 사회적 삶과 직결된 진실의 왜곡 앞에 나는 속상했고 약간의 감정을 실어 질문했다.

　도대체 어디서 마르크스가 이윤율 저하 경향의 법칙 때문에 자본주의가 붕괴한다고 했던가요. 마르크스 이론과 사상 체계에서 "이윤율 저하"는 "과잉생산과 투기 및 공황을 촉진하며, 과잉인구와 과잉 자본의 병존을 야기"(『자본론』 제3권 제15장 「법칙의 내적 모순들의 전개」)하는 핵심 변수이지, 자본주의 붕괴 또는 몰락을 가져오는 변수가 아니지 않습니까.

　오히려 마르크스의 이론과 사상 체계에 따르면, 자본주의는 결코 자동 붕괴될 수 없다는 얘기가 진실이 아닙니까. 즉, 『자

관계」, 『자본론』 제3권 제36장, 김수행 옮김, 비봉출판사, 2015, 779쪽).

　참고로 마르크스는 신용 제도를 '다만 하나의 요소'로 이해하고 있으며, 따라서 이는 마르크스가 다른 요소들도 파악하고 있었다는 뜻이나, 내 수준에서는 『자본론』이나 마르크스의 저술들에서 노동의 정치 이외에 다른 요소를 찾아낼 수 없었다.

본론』에 따르면, "자본의 운동은 무한"입니다. 또한 "분명한 것은 자본 가치가 증식되는 한, 자본 가치가 독립된 가치로서 그 순환을 따르고 있는 한, 그리하여 가치 변동이 어쨌든 극복되고 상쇄되는 한, 모든 가치 변동에도 불구하고 자본주의적 생산은 존재하며 계속 존재할 수 있"습니다.* (이행의 필연성, 자본주의 붕괴의 필연성은 다른 변수들에 의해 주어지는 것입니다. 마르크스는 결코 이윤율 저하의 문제를 가지고 자본주의 붕괴를 논한 바 없습니다.) 자본의 운동만 놓고 본다면, 자본주의는 발제자의 얘기와는 달리 인류 최후의 날까지 존속할 수 있습니다.

내 반문에 발제자분이 대답했다. 자신이 『자본론』을 검토하기에는 그렇게 이해했다는 취지로.

그러나 나에게는 그저 변명으로만 들렸다. 이때는 약간 더 큰 감정을 실어 다시 반문했다.

그렇다면 그것은 교수님의 주관적 추정일 뿐, 사실이 아니지 않습니까.

---

    * 카를 마르크스, 「순환의 세 가지 형태」, 『자본론』 제2권 제4장, 김수행 옮김, 비봉출판사, 2015, 125쪽.

감정을 실은 내 반문에 학회의 분위기는 일순간 싸늘해졌다. 그도 그럴 것이 내 반문에 실려 있는 감정은 듣는 사람의 입장에서는 "당신 그러고도 학자야?"라는 힐난으로도 들릴 수 있었기 때문이다.

심지어 웬만해서는 흔들림 없는 경상대학교 정성진 교수님조차 감정을 실은 내 반문에 토론 사회자로서 만류하지 않으면 안 된다고 느끼는 기색이 역력했다.

정성진 교수님은 나와 입장이 다른 것과는 별개로 경우에 따라서는 옳고 그름을 분별하며 격한 논쟁도 불사해야 할 대상이기는 하나, 그이의 학자적 양심만큼은 내가 늘 존경하는 그리고 때로는 내가 충분히 인정할 수 있는 날카로운 통찰을 보여주시는 분으로, 이런 분이 흔들렸다는 건 내 반문의 강도가 그만큼 격했다는 뜻이다.

다행히 발제자분이 학자적 양심이 있었던 분이었고, 자신의 주장이 '추정'임을 인정하면서 토론은 종결됐지만, 감정을 실은 내 질문은 분명히 그이에게 큰 상처가 됐을 것이다.

더구나 나 또한 그이가 입은 상처로부터 자유롭지 않음을 안다. 그 질문 하나로 그이와는 (그리고 그이의 편에 있을 이들과는) 인간적 유대 관계를 호의적으로 맺기 힘들게 되었기 때문이다. 이유가 무엇이든 상처를 주는 것은 동시에 나의 상처이기도 하다.

그랬다. 나의 『자본론』 공부 과정은 핵심적 진실의 은폐·왜곡이 어떤 결과를 초래했는지 알게 되는 과정이기도 했고, 나를 거대한 충격과 놀람의 세계로 밀어 넣는 과정이기도 했으며, 개인이 감당하기에는 너무나 엄청난 사실의 무게에 짓눌리는 과정이기도 했고, 이 때문에 핵심적 진실의 왜곡을 칼날같이 막아서는 일도 스스로 상처 입으면서까지 감내해야 하는 과정이기도 했다.

돌이켜 보면, 내가 마르크스 이론의 핵심적 진실을 은폐·왜곡하는 상황을 마주했을 때 날카로운 비수와 같은 질문을 던져 상처를 입혔던 최초의 희생양은 학창 시절 윤리 교양 필수 수업을 담당하신 교수님이었다.

그 교수님은 서양철학에 꽤 밝으신 분이었고, 나름 합리적 사유의 소유자였고 강의도 유쾌하게 잘하셨다. 사고는 수업 진도가 어느 정도 나갔을 때 발생했다. 현대 지성사에 가장 큰 영향을 끼친 인물로 자신은 주저 없이 마르크스를 꼽는다는 교수님은 그러나 마르크스에게는 오류가 너무 많다며 자신이 아는 예를 들었다.

마르크스는 개인적 소유도 폐지하고 공동소유 하자고 했어요. 이건 말이 안 되는 거예요. 아니, 내 빤스도 내 맘대로 못 하고 같이 입어야 된다는 거잖아요. 여기 누구 하나라도 내 빤스 공유할 사람 있나요?

강의실에는 웃음이 터졌다. 교수님의 입을 통해 마르크스는 갑자기 바보·천치·몽상가가 되고 말았고, 나를 제외한 강의실 모든 학생들의 웃음거리가 되었고, 또 그것은 그이들의 부정적 편견이 될 것이고, 마르크스가 밝힌 역사 최대의 비밀 소유 문제의 해법을 가로막는 이데올로기적 암초가 될 것이다.

손을 번쩍 들고 아주 맹랑하게 외쳤다. "교수님, 질문 있습니다."

제가 알기에 마르크스는 분명히 『공산당 선언』 등에서 "소유 문제를 운동의 근본 문제로 전면에 내세운다"고 한 바 있으며, 사적 소유, 특히 자본주의적 사적 소유capitalist private property를 폐지해야 한다고 주장한 바 있습니다.

그러나 어디에서도 마르크스는 개인적 소유individual property를 폐지해야 한다고 주장한 바 없습니다. 교수님의 얘기와는 정반대로 개인적 소유가 하나의 진실이 되어야 한다는 주장을 한 사실도 있습니다.

그러나 내 질문은 여기서 멈추지 않았다. 젊은 혈기에 한 걸음 더 나가고 말았다.

학생들을 상대로 거짓말을 하는 직업이 교수직이라면 제가 납

득하겠으나, 그렇지 않은 것 아닙니까. 혹시 교수님에게는 교수님 빤쓰까지 동원해서 마르크스를 욕보여야 할 어떤 특별한 이유라도 있으신 겁니까.

순간 교수님 얼굴이 분노로 일그러졌다. 당장 당돌한 나를 불러내 맞짱이라도 뜰 태세로 "내가 말한 개인적 소유가 사적 소유잖아" 하신다.

그러나 "아니, 어떻게 교수님이 생산수단에 대한 배타적 소유의 의미가 있는 사적 소유와 소비를 위한 생활 수단 소유를 의미하는 개인적 소유도 구분하지 못하십니까"라는 내 반문에 입이 막혔는지 말도 못 하시고 분노로 부르르 떤다. 자신의 얘기에 깔깔 웃던 학생들로부터 개망신을 당했다고 생각하신 듯도 싶었다.

겨우 진정하신 교수님은 오늘 수업 여기서 끝낸다며 학생들 내보내고 나를 연구실로 따라오라 하신다. 연구실로 따라간 내게 교수님은 내가 『자본론』을 공부하고 있는 학생이라는 건 이미 알고 있었다며, 루이 알튀세르와 그의 제자들의 공저인 『"자본론" 읽기』*Reading Capital*를 내주신다.* 내 기말시험은 이 책에 대

---

* 이 책은 루이 알튀세르 외, 『"자본"을 읽자』,
진태원·배세진·김은주·안준범 옮김, 그린비, 2025로 국역되었다.

한 평가 리포트로 대체할 테니 앞으로는 수업 들어오지 않아도 좋다고 하신다. 그리고 그때까지도 분노의 여진은 교수님 얼굴에 한가득 남아 있었다.

그렇게 쓰게 된 나의 『"자본론" 읽기』 평가 리포트에 대해 교수님이 학점을 어떻게 주셨는지는 기억이 없다. 다만 그 일이 있던 해도 성적 우수 장학금을 받았으므로 나쁘게 주지는 않은 듯하다.

어쨌든 학창 시절 윤리 교양 필수 수업을 담당하셨던 그 교수님은 그때 내가 입혔던 상처가 너무 컸는지 이후 두어 번 마주쳤을 때 인사도 안 받으셨다. 하나의 인연이 날카롭게 찢겨 나갔다.

자칭 타칭 마르크스주의 대가로 불렸던 동국대학교 황태연 교수도 이와 관련된 희생자라면 희생자다. 황태연 교수는 1992년 말에 지식인들 사이에서 일반적으로 통용되던 견해이자 믿음, 즉 『자본론』 제1권 제32장 「자본주의적 축적의 역사적 경향」에서 개인적 사적 소유에 대한 부정의 부정의 결과(첫 번째 부정은 자본주의적 사적 소유이고, 그리고 바로 이 자본주의적 사적 소유의 부정의 결과)로 다음처럼 나타난 소유 형태를 자본주의 이후의 사회에 대한 것으로 생각하는 통상적인 견해이자 믿음을 절대화해 자신의 주장을 펼쳤던 사실이 있다.

자본주의적 생산양식으로부터 생기는 자본주의적 취득 양식은 자본주의적 사적 소유를 낳는다. 이 자본주의적 사적 소유는 소유자 자신의 노동에 입각한 개인적 사적 소유individual private property의 첫 번째 부정이다. 그러나 자본주의적 생산은 자연 과정의 필연성을 가지고 자기 자신의 부정을 낳는다. 이것은 부정의 부정이다. 이 부정의 부정은 사적 소유를 부활시키지는 않지만, 자본주의 시대의 성과 — 협업cooperation 및 토지와 노동 그것에 의해 생산된 생산수단의 공동점유possession in common — 에 입각한 개인적 소유individual property를 확립한다(마르크스, 「자본주의적 축적의 역사적 경향」, 『자본론』 제1권 제32장 중에서).

『자본론』을 분석의 원리에 따라 낱낱이 분석하고 상호 관련된 전체로 이해한 사람이 아닌 경우, 마르크스의 위 문장의 얘기는 마치 암호처럼 들릴 수도 있다.

그러나 우리가 현실의 경제 현상을 떠올려 보면 쉽게 이해할 수 있는 문장이다.

즉, 소농이나 수공업자 또는 자영업자들은 대부분 생산수단을 개인이 소유하고 자기 노동만을 가지고 생산 활동을 한다. 소유의 측면에서 이는 개인적 사적 소유다.

또한 자본주의적 기업들의 최초 형태들은 생산수단을 개인이 소유하고 임금노동자들을 고용해서 생산 활동을 한다. 소유의 측면에서 이는 자본주의적 사적 소유이고, 마르크스의 위 문장의 용어로는 "개인적 사적 소유의 첫 번째 부정"이다.

끝으로 자본주의적 기업들의 최초 형태들인 자본주의적 사적 소유는 자신을 부정하여 점차 주식회사로 전화되고, 특히 소유권인 주식이 대규모로 분산되는 과정을 거치며 기업의 경영은 주주들을 대리하는 경영진(주식회사는 1주 1표주의 원리에 따르므로, 이 경영진은 전문 경영진일 수도 있고, 주식을 결집한 대주주만의 대리인일 수도 있고, 대주주가 동시에 주주들 전체의 대리인 자리를 꿰찰 수도 있다!)이 맡게 된다. 흔히 얘기하는 소유와 경영의 분리 현상이 발생한다.

그리고 이 주식회사적 소유 형태에서 소유권인 주식은 주주 개개인이 개인적으로 소유하고 있고, 점유 즉 경영은 자신들의 대리인을 통해 행사한다. 따라서 주주들은 기업 전체에 대해서는 공동 소유자인 동시에 경영에 대해서는 1주 1표의 원리에 따라 공동의 권리를 갖는 공동 점유자들이다.

한마디로 우리가 현실의 경제 현상을 위 문장에 대비해 보면, 자본주의적 사적 소유의 부정의 결과(또는 개인적 사적 소유의 두 번째 부정의 결과)는 주식회사적 소유를 말한다.

또한 이와 같은 사실은 『자본론』 제3권의 지적과 일치한다.

주식회사의 형성. 자본은 …… 이제 개인 자본에 대립하는 사회적인 자본(직접적으로 연합된 개인들의 자본)의 형태를 직접적으로 취하며, 이러한 자본의 기업은 개인기업에 대립하는 사회적 기업으로 등장한다. 이것은 자본주의적 생산양식 그것의 한계 안에서 사적 소유로서의 자본을 폐지하는 것이다.*

위 인용문에서 보는 바와 같이, 주식회사에서 자본주의적 사적 소유는 폐지되며, 주식이 대규모로 분산된 주식회사에서는 한눈에 들어오듯이 수십만, 수백만 명의 주주들이 권리를 행사하는 주주들의 자본(마르크스의 표현대로 "직접적으로 연합된 개인들의 자본")이 된다.

사정이 이와 같음에도 황태연 교수는 오직 통념만을 근거로 여기서의 마르크스의 지적이 새로운 사회의 소유 형태라고 단정한 후, "공동소유는" "사이비 마르크스주의적 궤변"이고 자본주의 이후의 새로운 사회의 소유 형태는 "생산자들 개개인에게 분할 귀속되는 소유"라는 등등의 주장을 펼쳤었다.

어쨌든 내가 보기에 황태연 교수의 주장은 매우 위험한 것이었다. 20세기가 결코 이해하지 못했던 19세기의 위대한 발견

* 카를 마르크스, 「자본주의적 생산에서의 신용의 역할」, 『자본론』 제3권 제27장, 김수행 옮김, 비봉출판사, 2015, 563, 564쪽.

'자유인들의 연합'(자유로운 공동체)을 어디론가 내팽개쳐 버린 채 통념을 절대화해 수많은 사변을 나열하고 있음이 분명했기 때문이다.

결국 황태연 교수 그이의 강연 장소에서 우선은 정중하게 질문했다.

교수님, 마르크스는 『자본론』 제3권 제27장 「자본주의적 생산에서의 신용의 역할」에서 주식회사의 형성과 함께 자본주의적 사적 소유가 폐지된다고 했습니다. 혹시 아시는지요?

황태연 교수 그이는 나의 질문에 안다고 대답했고(모른다고 대답할 수는 없었을 것이고, 내가 보기에는 몰라도 아는 척 대답한 것이다), "그렇다면 자본주의적 사적 소유의 부정의 결과는 주식회사적 소유인데, 이것에 대해서는 어떻게 생각하십니까"라는 이어지는 나의 질문에 직접적인 대답은 회피했다. 황태연 교수 그이는 자신의 주장만 앵무새처럼 반복할 뿐이었다.

더구나 황태연 교수는 '자유인들의 연합'(자유로운 공동체)의 소유 형태인 "연합된 생산자들의 소유"와 물적 토대인 "연합된 노동의 생산양식"이라는 개념도 나에게 처음 듣는 듯했다.

그저 황태연 교수는 "교수님의 주장은 옳고 그름을 분별해야 하는 학자의 태도가 아닙니다. 옳지 않습니다"라는 나의 지

170

적에 분개할 뿐이었다.

내가 보기에 우리 사회에서 이른바 마르크스주의 대가라 불리는 사람들이 마르크스 이론에 대한 지적 습득 수준을 노골적으로 보여 준 사례였다.

어쨌든 나는 내 책『자유인들의 연합체를 위한 선언』의 부록으로 실은「공산당 선언의 역사적 한계」에서 네 번째 주제로 "소유 문제와 관련된 한국에서의 논의 하나: 황태연의 궤변들"을 통해 그의 주장을 조목조목 반박하고 청산했다.

이 같은 성격을 가진 나에 대해 은혜로운 스승 김수행 교수님은 그러셨다. "어쨌든 자네의 칼은 아주 날카로운 양날의 칼이야. 날카로운 양날의 칼은 결국 자네에게도 상처가 된다는 거 자네도 잘 알잖나. 자네의 입장 내 모르는 것 아니나, 이는 모순이야. 상처를 통해서만 해소되는 모순. 어쨌거나 최소한으로 줄여 보라고."

그랬다. 은혜로운 스승의 권고 이후에야 나는 내가 가진 날카로운 양날의 칼을 가급적 칼집에 넣고 휘두르지 않으려 애썼고, 설령 칼을 빼 들어도 강도를 최대한 낮추려 노력했다. 노동의 정치를 생각한다면 더 그러해야 했으므로.

참고로 마르크스의 이론과 사상 체계를 둘러싼 오해와 편견들은 사소하게는 마르크스 그이의 방법론을 둘러싼 오해와 편견에서부터 체제 대안의 문제에 이르기까지 다종다양하다.

예컨대, 마르크스의 철학 또는 방법론 하면 제일 먼저 떠오르는 단어가 변증법인데, 바로 이 마르크스의 변증법에도 오해와 편견이 있다. 『자본론』 제2판 후기에서 마르크스 스스로 분명히 밝히고 있듯이, 마르크스의 변증법은 관념론적으로 전개한 헤겔의 변증법과 달리 실재론적이고 유물론적으로 전개한 변증법, 즉 "유물론적 변증법"materialistic dialectic 또는 "실재론적 변증법"realistic dialectic이다.

사정이 이러함에도, 일반적으로 통용되는 백과사전에서조차 주객을 전도시켜 마르크스가 마치 변증법적으로 유물론을 전개한 사람인 것처럼, 마르크스의 방법론은 "변증법적 유물론"이라고 잘못 써 놓고 있다.*

* 양자의 세계로까지 들어간 자연과학의 연구 성과들이 입증하고 있듯이, 세계는 물질적인 것으로만 구성되어 있지 않다. 다시 말해 "세계는 물질적인 것으로 구성되어 있다고 사고하는 철학사상" 유물론은 근본적인 결함이 있는 것으로, 그 근본에서는 세계를 존재와 무의 통일로 이해하는 변증법의 사유와 분명하게 상충된다. 또한 마르크스는 두 대립물의 통일 또는 상호 의존과 배제의 법칙 등에서 존재의 측면, 물질적인 측면을 규정적인 측면으로 파악했음도 잘 알려져 있다. 예컨대 "인간의 의식이 그들의 존재를 규정하는 것이 아니라, 반대로 그들의 사회적 존재가 그들의 의식을 규정한다"라는 통찰은 변증법을 유물론적으로 전개할 때 얻을 수 있는 통찰의 하나다.

단, 오해하지 말아야 할 것은 여기서의 지적이 유물론의 대표적인 일반 원리(순수한 창조란 없다, 무로부터는 아무것도 나오지 않는다, 모든 것은 형태 변화의 결과에 불과하다 등)가 틀렸다는 것은

『자본론』제2판 후기에서도 밝히고 있듯이, 유물론적 변증법 이상으로『자본론』에서 중요한 역할을 하는 두 개의 방법론 '연역법과 분석법'은 있는지조차 모르는 경우가 대부분이다.*

즉,『정치경제학 비판을 위하여』서문에서 흔히 '토대-상부구조론'으로 요약되는 1859년까지의 연구의 결론이자 이후 정치경제학에 대한 비판적 연구 과정에서 계속해서 지도적 실마리로 쓰인 일반적 결론**이 마르크스의 연역법을 대표하는 부분임에도 이를 인지하는 경우도 드물고, 대개는 그냥 뭉뚱그려 유물론적 변증법의 관점이라고 서술하는 경우가 대부분이다.

자료에 정통할 것을 요구하며 자료의 상이한 발전 단계에 따라 자료의 내적 관련을 규명할 것을 요구하는 분석의 원리는 루이 알튀세르와 그의 제자들이 『"자본론" 읽기』(1965년, 영어 번역본 1970년)를 통해 "『자본론』모두를 원문으로 한 줄 한 줄씩 완

아니다. 세계가 물질적인 것으로만 구성되어 있다는 유물론의 기본 전제가 틀렸다는 것이다. 세계는 물질적인 것과 물질적이지 않은 것(즉, 존재의 측면과 무의 측면)이 동시에 공존하고 있으므로.

* 『자본론』의 방법론과 관련된 내 글로는「정치경제학의 세 가지 방법론: 분석적 방법 the analytic method」,「정치경제학의 세 가지 방법론: 연역적 방법 the deductive method」,「정치경제학의 세 가지 방법론: 실재론적 변증법 the realistic dialectic」이 있다. 내 블로그에서 검색하면 찾을 수 있다.

** 칼 마르크스,「1. 정치경제학 비판에 부쳐」,『경제학 노트』, 김호균 옮김, 이론과실천, 1989, 10-12쪽.

벽하게 읽어야 한다"*고 제안한 이후에도 제대로 주목조차 되지 못했다.

사회주의로 자신을 포장했으나 실제로는 생산수단의 국가 집중 및 이에 따라 형성된 국가와 노동의 관계에 기초한 국가주의 사회(소비에트 유형의 사회)를 마르크스의 이론과 사상 체계의 결과로 이해하는 다수 대중(그리고 대다수 마르크스주의자 및 그 아류들)의 '완강한 그러나 명백히 잘못된 믿음'도 전복되지 않고 있으며, 또한 정치경제학을 비판적으로 연구한 마르크스의 이론적 결론이자 동시에 사상 체계의 결론에 해당하는 "자유인들의 연합"은 여전히 그 모습을 현상적으로 드러내지 못하고 있다.

* 루이 알튀세르, 『자본론을 읽는다』, 김진엽 옮김, 1991, 14쪽.

18
노동자 정치 세력화를 위한 양경규의 호소

민생연대 상담자들(불법 사채 피해자들) 중에는 가끔 문재인 대통령에 대해 의견을 묻는 경우가 있다. 대개 그런 이들은 지푸라기라도 잡고 싶은 심정으로 문재인 대통령 그이에게 희망을 걸고 있는 사람들이다.*

그리고 나는 이런 질문에 그냥 웃고 넘어가기도 하지만, 때로는 대개 다음과 같은 얘기를 풀어서 대답하는 경우도 있다.

선생님을 이처럼 절망 속으로 빠뜨린 문제에만 한정한다면, 문재인 대통령은 매우 무능한 대통령이다. '고리대금으로부터 사

---

* 나조차도 소극적 지지자였던 것처럼, 이 글을 쓴 시점 (2019년 2월) 이전까지만 해도 대통령 문재인에게 희망을 거는 사람들이 참으로 많았다.

회 구성원을 보호하기 위한 최소한의 안전장치'인 법령 최고 이 자율을 연 27.9%에서 연 24%로 하향 조정(2018년 2월 8일부터) 하는 등 약간 진전시킨 건 사실이나, 뚜렷하게 나아진 것은 아무 것도 없다.

선생님이 지금 경험하고 있듯이, 자본이라는 괴물은 수익 률이 높으면 높을수록 활기를 띤다. 경우에 따라 자본은 높은 수익률을 위해 지옥의 불길도 마다하지 않는 게 본성이다. 또한 여기에 덧붙여 고율의 수익을 합법적으로 보장해 줄 수 있는 온갖 유형의 불합리한 법·제도들이 동시에 작용한다면 자본에 게는 그야말로 금상첨화다. 한국은행의 통화정책과 이에 연동 된 금융자본 시장의 팽창 문제를 별개로 하면, 바로 이런 측면 이 금융자본에 의한 과잉 대출, 공격적이고 심지어 약탈적인 대 출까지 조장하는 근원이자 가계 부채 확산의 근원이다.

따라서 가계 부채 문제를 근원적으로 해소하고자 한다면 디테일하게 존재하고 있는 불합리한 법제들 가급적 모두를 찾 아 뜯어고쳐야 하고 새로운 통화 및 금융정책을 수립해야 하는 데, 문재인 대통령은 이에 대해서는 무능 그 자체다.

물론 문재인 대통령 또는 문재인 정부는 논자에 따라 이와 같은 측면과는 다른 시각에서 또 다양한 측면에서 긍정적이거 나 부정적으로 평가할 수는 있다.

176

더구나 나 또한 문재인 정부 출범 상당 기간 문재인 대통령이 서 있는 정치적 기반에 따른 분명한 한계를 알고 있음에도, '소극적 지지자'였던 것도 사실이다. 왜냐하면 특히 '경제민주주의'와 '노동 존중 사회'라는 용어로 외화되어 나온 최저임금 인상이나 비정규직의 정규직 전환 등을 보며, 촛불 혁명의 결과물이기도 한 '대통령 문재인'이 '노동의 정치 수준은 아니어도' 미약하나마 우리 사회를 바람직한 방향으로 끌고 갈 것이라 기대했기 때문이다.

그러나 이 글을 쓰는 지금 대통령 문재인이 2017년 6.10 민주 항쟁 30주년 기념사를 통해 꺼내 들었던 경제민주주의는 어디론가 실종되어 버린 지 오래고(박근혜 전 대통령이 그랬던 것처럼!), 우리 사회를 다시금 '자본 존중 사회'로 끌고 가고 있다는 학계의 비난마저 심심찮게 보인다.

남북 관계를 크게 진전시킨 공헌(이것은 새로운 시장이 급격히 열릴 수 있는 기회를 제공한다는 측면에서 합리적인 자본가들도 크게 환영할 수 있는 내용이다)만 도드라질 뿐, 전체적인 측면에서 특별히 우리 사회가 더 나아지고 있는 모습은 잘 보이지 않는다.

예를 들어, 대통령 문재인이 꺼내 들었던 경제민주주의 시각에서 대우조선해양 처리 방안을 보면, 기업 민주주의로 가는 길인 노동자 기업 인수 방안이 자연스레 나왔어야 하는데 대자본 매각(최종적으로 2023년 5월 한화그룹 인수, 한화오션으로 사명 변경)만 휑뎅그렁하게 그 자리를 차지하고 있을 뿐이다.

삼성바이오로직스 회계 부정 사건이나 대한항공 갑질 사건 등은 노동 이사, 노동 감사 제도 등 적극적인 경영 민주화의 필요성을 일깨우고 있지만, 자신의 대선 공약 수준('노동이사제')조차 내세운 바 없다.

소득 주도 성장, 포용 성장, 혁신 성장의 구호들이 있지만, 최선의 경우조차 고통받는 노동자들에 대한 약간의 양보이거나 또는 정부가 공동체 사업 수행을 위해 집행하는 노동·산업 정책의 긍정적 요소들(예컨대 스마트 공장 지원 사업 등)이고, 예비타당성 조사 면제(예타 면제)나 '규제 샌드박스'(신기술·신산업 분야에서 부작용에 대한 안전장치 없이 관련 규제를 일정하게 면제해 주는 제도) 같은 자본 특혜성 정책들이 난무하고 있을 뿐이다.

한마디로 성장 정책에서조차* '번영하는 사회, 성장하는 사

---

* 성장 정책의 문제(경제성장의 문제)는 특히 생태 환경의 측면에서 부정적인 것으로 받아들여져 이를 배제하려는 경향이 매우 강하다. 탈성장 담론이 바로 그것이다. 또한 우리 사회에서 자본의 지배적인 담론으로 사용되었던 '선성장-후분배론'에 의해 일정하게 희생양이 되어야 했던 노동의 현실 때문에, 경제성장의 문제는 노동운동 활동가들에 의해서도 부정적인 것으로 취급되는 경우가 종종 있다.

그러나 생산이 일단 진행되면 확대재생산(즉, 성장)을 포함한 재생산은 불가피하다. 더구나 자본의 지배 질서를 그대로 둔 채 진행되는 성장에 대한 문제 제기나 비난·비판 등은 자본 주도의

회는 자본이 생산적으로 흐르는 사회'(물론 자본 주도이므로, 불균형의 변동 폭이 합리적인 방법으로 조정되어야 하나)이므로 비생산적 자금 흐름에 대해서는 페널티를 주고, 이와 동시에 생산적 자금 흐름에 대해서는 합리적 인센티브를 주기 위해 조세·재정 정책 등에서 새판을 짜야 한다는 기본적인 문제의식조차 대통령 문재인과 문재인 정부에서는 보이지 않는다.*

성장의 폐해를 부분적으로 완충할 수 있는 효과가 있는 것은 사실이나, 자본에 의한 난폭한 성장 그 자체를 본질적으로 해소할 방책은 될 수 없다.

따라서 우리가 보다 지혜롭다면, 자유로운 공동체로의 이행을 촉진하여 사회적 생산과 성장이 자연과 인간이 유기적으로 공존하는 과정(지구 자연에 최대한 해를 입히지 않고 진행되는 과정)으로 변화되도록 하는 동시에 자본과 국가에 의한 난폭한 성장이 근본적으로 배제되도록 해야만 한다. 예컨대 인구 절벽 현상(생산 가능 인구인 15~64세의 비율이 급속도로 줄어드는 현상)에 따른 부작용을 지혜롭게 완충하고, 인구의 절대적인 감소(예컨대 지금 인류의 1/2로 감소나 1/4로 감소 등)까지 우리가 큰 부작용 없이 받아들일 수 있다면, 그리고 더 이상 자본주의 질서가 아니라 자유로운 공동체라면, 생태 환경을 걱정하는 이들의 성장에 대한 우려도 대부분 사라질 수 있을 것이다. 왜냐하면 이 경우 더 적은 생산으로도 더 많은 자유와 풍요의 토대가 주어질 수 있기 때문이다. 성장에 대한 다른 측면에서의 지혜로운 사유가 절실하다.

* 생산적 자금 흐름과 관련된 본문에서의 문제의식은 정치경제학이라는 독특한 학문을 최초로 체계화한 애덤 스미스의 『국부론』으로부터 자연스럽게 나올 수 있는 문제의식으로, 제조업 공동화 얘기가 자연스럽게 통용되고 있는 우리 사회에서는 특히 주목해야 할 측면이다.

사실 대통령 문재인과 문재인 정부의 정치적 기반 민주당을 보면, 이와 같은 결과들은 어느 정도 예정된 것들이기도 하다. 또한 자신의 정치적 기반이 가진 한계를 뛰어넘어 우리 사회를 더 나은 상태로 이끌어 갈 듯 보였던 문재인 대통령은 초기 행보와는 달리 결국 그 한계에 사로잡히고 말았다. 그리고 이는 정치 경제학적 시각에서 민주당을 대략적으로 살펴보는 것만으로도 충분히 이해할 수 있다.

민주당은 분명히 자유한국당(현재는 국민의힘)과는 달리 부르주아계급의 외형적 정치 독재에는 반대한다. 따라서 민주당은 정치적으로 대의제 민주주의를 옹호하고, 이데올로기적으로 자유주의적 경향을 띠며, 따라서 남북 관계에서도 자유한국당과는 다른 경향을 보여 준다.

그러나 민주당은 '부르주아계급의 외형적 정치 독재'의 물질적 토대인 본질적 독재(즉, 노동에 대한 자본의 독재, 경제적 관계에서 토지 자본이나 금융자본의 우월적 독점 등)에는 크게 반대하지 않으며 때로는 동조한다. 심지어 민주당의 주도 세력 대다수는 노동자·서민과 이해관계를 공유하기보다는 스스로 자본가이거나 자본가들과 이해관계를 공유하는 사람들이거나 최소한 건물주로서 토지 자본의 이해관계(임대 수입 등)를 공유한다.

한마디로 민주당의 세력 구도 등으로 볼 때, 민주당은 결코 노동자·서민을 위한 민생 정치에 발 벗고 나설 수 있는 정당이 아니며, '자본의 정치에 대항하여 경제민주주의를 급진전시킴으로써 자유로운 공동체로의 이행을 촉진하려는 노동의 정치'나 또는 '자본주의의 해악들을 최소화하는 동시에 자본주의의 긍정적 측면을 현실화해 더 나은 더 바람직한 사회로의 이행을 촉진하고자 하는 진보 정치'를 추진할 수 있는 정당이 못 된다.

다른 한편 우리 사회에서 '노동자 정치 세력화'의 필요성은 바로 이와 같은 정치적 역학 관계 등을 반영한 노동 현장의 자연발생적 요청이었다. 특히 대자본가들의 편에 서서 '부르주아 계급의 외형적 정치 독재'까지 옹호하는 경향이 있는 보수정당 (박정희 대통령의 공화당을 뿌리로 하고 1990년대 3당 합당을 거쳐 지금에 이른 자유한국당. 현재는 국민의힘), 그리고 이에 맞서 자유주의적·민주주의적·평화통일적 지향을 보여 주기는 하나, 노동에 대한 자본의 독재 등에는 크게 반대하지 않으며, 심지어 때로는 동조하고 이해관계까지 공유하는 자유주의 정당들(김대중 대통령의 평민당을 직접적인 뿌리로 하는 지금의 민주당 등)을 통해서는 정치적 희망을 발견할 수 없던 사람들이 '노동자 정치 세력화'의 필요성을 적극적으로 호소했던 것이다.

그러나 노동자 정치 세력화를 위해 민주노총(전국민주노동조합총연맹)이 적극적으로 움직이기 시작했던 1997년을 돌아보면, 사정은 참으로 암담했다. 현재는 자본 측의 대대적인 공세와 병행하여 스스로 고립을 자처한 측면들 때문에 그 사회적 위상이

지극히 쪼그라져 있지만, 1997년만 하더라도 그 사회적 위상이 대단했던 민주노총이 적극적으로 움직였음에도 불구하고, '노동자 정치 세력화'를 위한 그들의 구상은 내가 보기에 지극히 비현실적으로 보였기 때문이다.

마르크스가 이미 통찰했듯이, 자본에 대항하는 노동의 정치(또는 진보 정치) 그리고 그 배경에 있는 자본가계급과 노동자계급의 투쟁은 하나의 거대한 내전(즉, 전쟁)이다. 또한 이것도 하나의 독특한 사회적 전쟁이므로, 이 내전에서 최선은 '명백한 모순이지만' 고대 중국의 병법가 손무가 통찰했듯이 싸우지 않고 이기는 것이다. 그렇다면 어떻게 노동의 정치가 저 거대한 자본주의의 벽을 허물고 싸우지 않고 승리할 수 있는가. 어쩌면 불가능해 보이고 심지어 궤변으로 들릴 수도 있다.

그러나 노동의 정치가 노동자·서민의 광범위한 지지와 신뢰 및 참여를 끌어낼 수 있다면, 자본의 정치에 맞서 충분히 유리한 형세를 형성하고 사회적 헤게모니를 쥘 수 있다. 또 이 경우 자본가들 스스로 양보하거나 타협하게 하면서 싸우지 않고도 이길 수도 있고, 그리고 끝내 자본가들이 사회 구성원들의 자유와 풍요 및 사회적 평등을 위해 양보하고 타협하지 않는다면 속전속결로 그들이 양보하거나 타협할 수밖에 없게끔 합리적인 법제 등을 동원해 강제할 수도 있다. 싸우지 않고 이기는 최선에는 못 미치나, 차선의 승리 정도는 충분히 얻을 수 있는 것이다.

그러므로 결국 문제가 되는 것은 노동자·서민의 광범위한 지지와 신뢰 및 참여를 끌어낼 수 있는 지혜로운 수단과 방책이 있어야 하며(궁극적으로는 자유로운 공동체로의 이행의 전망까지 있어야 하며), 또 그 수단과 방책을 매개로 왕성하게 운동할 수 있는 조직 등이 있어야 한다. 그리고 이것이 내가 역사적으로 검증된 손자병법의 기본을 노동의 정치 영역에 적용하여 얻은 결론이었다.

그렇지만 나는 '노동자 정치 세력화'를 위해 모여든 구성의 주요 주체들(민주노총, 전국연합, 진보정치연합, 정치연대 등) 누구에게서도 자유로운 공동체(자유인들의 연합)로의 이행 전망은커녕 '주어진 경제 현상을 해결할 수 있는 지혜로운 수단과 방책'조차 볼 수 없었다.

당시로서는 최선의 인식을 나에게 보여 줬던 진보정치연합(당시 대표가 노회찬 전 의원이다)의 활동가들조차도 "노동의 정치의 필연성을 과학적으로 인식하고 운동의 자연사적 과정에서 형성된 선거 조직을 시발로 노동의 정치를 성장시키고자 하는 능동적·실천적 문제의식을 갖고 있었던 것이 아니라, '대선 참여를 통한 일정한 성과 획득 및 이를 기초로 하는 진보정당으로의 발전'이라는 전망 정도를 갖고 있었다."*

---

* 「민주노동당 성장의 전사前史」(2001년 12월) 중에서. 내 블로그에서 검색하면 찾을 수 있다.

다시 말해, 대선 참여를 통해 일정한 성과를 얻지 못한다면, 이전의 백기완 대통령 후보 선거 대책 본부나 민중당처럼 소멸·청산될 수밖에 없는 운명, 그것이 우선 내게 비친 1997년 권영길 대통령 후보 선거 대책 본부 조직의 상이었다.

더구나 당시에는 나에게도 치명적인 문제가 있었다. 『자본론』의 내용을 상당 부분 소화하기는 했으나, 『자본론』의 통찰을 응용한 실물경제 분석 능력은 미성숙한 상태였고, 따라서 한보 철강 부도로부터 촉발되기 시작해서 '격렬한 공황'violence crisis or great crisis으로 나아가고 있던 한국 경제에 대해 설득력 있고 실효성 있는 대안을 종합적으로 만들 수 있는 능력을 나조차도 가지고 있지 못했다.

즉, 1997년을 돌아보면, 나를 포함한 아군의 준비 상태도 전장에 나서기에는 터무니없이 불충분했다. 내가 보기에 승산 없는 싸움이 너무나 분명했고, 이것은 나에게도 하나의 딜레마였다. 한국 노동운동의 성과로 발현되어 나온 민주노총, 그것도 지금과는 달리 그 사회적 위상이 거대했던 민주노총이 적극적·주도적으로 움직였음에도 실패로 끝난다면, 미국처럼 한국의 정치 지형도 보수 양당 체제로 굳어지는 것은 불 보듯 뻔했으므로 무모한 시도라도 해야만 하는 상황, 그러나 100%로 패배할 수밖에 없는 시도.

그때 내 눈에 띈 사람이 민주노총 정치위원장을 맡고 있던 양경규(전 공공연맹 초대 위원장, 전 정의당 국회의원)였다.

　지금도 나에게는 그 모습, 그 표정, 그 감정 들까지 아주 선명하게 남아 있는 사람, 양경규 위원장 그이는 진심으로 절박하게 호소하고 있었다.

　　노동자 정치 세력화를 위해 작은 차이는 당연히 양보해 주시고, 설령 큰 차이여도 노동자들의 삶이 걸린 문제 앞에서 대범하게 양보해 주십시오. 제 목숨을 내놓아서라도 (노동자 정치 세력화를 위한 노력이) 승리할 수 있도록 노력하겠습니다. 제발 도와주십시오.

　민주노총 정치위원장 양경규의 호소는 자신의 사회적 삶에서 노동의 정치 필요성을 절실히 체감하지 않으면 나올 수 없는 그런 것으로 나에게 이해되었고, 실제 양경규 위원장 그이의 진심이었다.

　그리고 나중에야 알게 된 사실이지만, 1997년 대선을 진보정당 건설을 위한 기본적인 당 조직 형성의 적기로 보고 민주노총 내부에서 적극적으로 움직였던 이도 양경규 위원장이었다. 민주노총의 첫 정년퇴직자 김태현 정책연구원 연구위원은 자신의 인터뷰에서 다음처럼 증언한다.

1997년 노개투(*주: 노동법 개악 반대 투쟁) 총파업이 끝나고 민주노총 위상이 높아졌다. 조합원도 크게 확대됐다. 그럼에도 법 개정에 의미 있는 성과를 내진 못했다. 당연히 정치 세력화 요구가 나왔다. 당시 단병호 위원장과 심상정 의원은 진보정당 건설이 시기상조라며 유보적 입장을 보였다. 공공연맹의 양경규 위원장 노력이 컸다. 권영길 위원장도 나중에 양경규 위원장 의견에 동의했다.*

어쨌든 너무나 뚜렷하게 보이는 패배의 전망, 정말 1도 보이지 않던 노동의 정치의 성장 가능성, 그래서 딜레마에 처해 있던 나에게 양경규 위원장의 호소는 1%의 희망을 안겨 줬다.

만일 노동자 정치 세력화를 위해 모여든 사람 중에서 양경규와 같은 인물이 여럿 있다면, 그리고 틀림없이 여럿이 있을 것이므로, 1997년 대선에서 100% 패배한다고 하더라도 대선 과정을 통해 형성된 조직의 맹아를 가지고 재시도할 가능성이 있으리라 생각되었다.

그렇게 나의 딜레마는 해소되었고, 내 정치적 동료 이선근 선배를 설득해 내가 속했던 조그만 조직 '경제민주모임'도 1997

    * 김태현 인터뷰 기사, 「민주노조운동 87년 세대의 첫 퇴장」, 〈미디어오늘〉(2018/12/12).

년 권영길 대통령 후보 선거 대책 본부 국민승리21에 결합하는 것으로 결의했다.

『자본론』을 가지고 이미 악명을 높이고 있었던 덕분에 국민승리21 경제정책 담당자로 결합하는 일은 어렵지 않았다. 오히려 정책 실무 책임을 맡고 있던 이재영은 '1993년 스치듯 한 번 얼굴을 본 적이 있는 인연'이 전부였음에도 불구하고, 나를 환대했다.

참고로, 정책에 대한 혜안을 가지고 있던 사람답게 이재영은 『자본론』 연구를 통해 내가 얻게 된 독특한 정책 능력을 한눈에 알아봐 줬고, 내가 그이를 신뢰했던 것 이상으로 나에 대한 신뢰의 끈을 버린 적이 없다. 비록 언제나 밝고 명랑하고 낙천적이고 긍정적이었고 술자리 뒷담화를 즐겼던 내 오랜 벗 이재영(나는 종종 술자리 뒷담화의 이재영을 '왕 구라 뻥'이라고 놀리기도 했다)은 자신의 견해에 반대되는 나의 입장들을 술자리 안줏거리로 올려놓고 잘근잘근 씹어 먹기도 했지만, 한 번도 서로에 대한 신뢰에 금이 가게 하지는 않았다.*

* 자세한 사정은 이재영에 대한 나의 추도사 「진보정치 최고의 두뇌를 떠나보내며: 이제 누가 있어 장량소잔의 방책을 실행할 건가」, 〈프레시안〉(2012/12/21)을 보라. 참고로, 이재영이 남긴 '진보 정치를 위한 장량소전의 방책'은 여전히 유효하다. 즉, 한고조 유방과 제갈공명이 장량소잔의 방책에 따라 '파촉에 깃들어 천하를

그리고 그렇게 나는 정치의 장에서 『자본론』에 제시된 일반 원리들의 응용 및 현실에 대한 적용이라는 과제와 마주하게 되었다. 다시 말해, 노동의 정치가 주어진 현실의 조건에서 싸우지 않고 승리할 수 있도록 『자본론』의 통찰에 기대어 최선의 수단과 방책을 찾아 실행해 내는 일, 그것이 내가 할 일이었고, 따라서 나의 『자본론』 공부는 현실 깊숙한 곳으로 들어가야만 했다.

도모할 준비'를 했듯이, 내 오랜 벗 이재영의 얘기처럼 진보 정치도 '천하를 도모할 준비'를 지금이라도 제대로 해야만 한다. 비극과 소극이 여러 형태로 반복되고 있는 우리의 정치 지형으로부터 진실로 해방되길 원한다면!

19
최초의 대안적 정치 운동 '실업 대책 운동', 그리고 이근원

노동자 협동조합 운동의 존경하는 김성오 선배처럼, 수많은 입장과 생각 차이에도 불구하고 내가 '존경'이라는 수식어를 '자연스럽게' '늘' '항상' 붙이는 몇 안 되는 선배 하나가 있다.

꿈이 형성된 경로나 꿈의 실현을 위한 구체적인 수단과 방책에 대한 이해도 등은 다르지만, 나와 꼭 같은 꿈을 꾸는 사람. 그이의 이름은 이근원이다.

이근원 선배 그이는 이 글을 쓰는 지금도 아마 꿈을 꾸고 있을 것이다. 다음과 같은 꿈을.

나는 여전히 혁명을 꿈꾼다. 근거 없는 낙관은 내 힘의 원천이다. 그리고 그 바닥에는 이론이 아닌 사람들의 삶이 있다. 비록 내 생애의 끄트머리에서도 볼 수 없을지 모르지만, 이런 야만의 시대는 끝나야 한다는 믿음으로 산다. 사람보다 자본을 우위에 두고, 인간이 아름다운 연대보다 경쟁을 우위에 두는 폭력적 이데올로기는 종식되어야 한다고 생각한다. 설령 그것이 이룰 수 없는 꿈이라 할지라도 '노동이 아름다운', '인간이 인간다운', '사회가 평등한' 그런 사회를 나는 오늘도 꿈꾼다.[*]

물론 내가 이근원 선배 그이를 존경하는 이유는 나와 꼭 같은 꿈을 꾸기 때문만은 아니다.

다른 이들과는 좀 다르게, 이근원 선배 그이의 꿈 맨 앞에는 이념이나 사상에 앞서 자본의 지배에 노출된 '사람들의 삶'이 있기 때문이며, 대안적 정치 운동을 통해 보여 준 그이의 진심을 나 스스로 체감했기 때문이며, 어떤 사상이나 이념 또는 편견도 그이의 꿈을 막아설 수 없음을 알기 때문이다.

사실 나의 『자본론』 공부 과정과 사회적 실천 과정은 동시에 마르크스주의라는 형식, 사회주의라는 형식, 특정한 철학이나 세계관 등으로부터 해방되지 못한 채 '신념의 포로'가 된 수많은 사람을 마주해야 하는 과정이기도 했다. 그리고 그이들 대다수는 자신의 신념을 우선하고 고집하면서 때로는 오직 신념만을 위해 사람들의 사회적 삶의 문제를 종종 외면하고는 했다.

그리고 이와 같은 측면 때문에 나는 내 『자본론』 강의 수강

---

[*] 이근원, 『아빠의 현대사』, 레디앙, 2013.

생들에게 다음과 같은 말을 자주 하고는 했다.

『자본론』을 공부하는 우리가 정말 주의하고 또 주의하고 명심해야 할 것이 있습니다. 우리는 결코 마르크스나 마르크스 할아버지나 기타 다른 그 무엇을 위해 『자본론』 또는 정치경제학을 공부하는 것이 아닙니다. 가장 기본적으로는 나 자신의 지적 욕망 충족을 위해 공부하는 것이고, 사람들의 경제적 삶의 문제를 해결하기 위해 공부하는 것입니다. 내 『자본론』 강의 수강자들이라면, 마르크스라는 형식이나 기타 다른 그 무엇에 사로잡혀 그 무엇보다 앞에 놓여야 할 사람들의 사회적 삶의 문제를 외면하거나 또는 주객을 전도시키는 우둔한 자가 되지 않기를 진심으로 바랍니다.

특히 시민사회 운동이나 노동운동 또는 진보정당 운동을 하고자 하는 사람들이라면, 더욱 주의해야 합니다. 우리는 결코 마르크스나 마르크스 할아버지 또는 엥겔스나 엥겔스 할아버지 또는 '애매모호한 사회주의'나 어떤 숭고한 이상을 위해 투쟁하는 것이 아닙니다. 자본주의 질곡, 계급사회의 질곡으로부터 자유롭지 못한 사회 구성원들의 사회적 삶을 위해 투쟁하는 것이며, 인간에 의한 인간의 지배와 착취를 종결시키기 위해 투쟁하는 것입니다. 그 어떤 아름다운 이상이나 신념도 이를 막아설 수 없고, 막아서도 안 됩니다. 인류의 경제적·사회적 해방을 위

191

해, 그리고 사회의 기본적인 기초인 노동이 아름다울 수 있는 세상을 위해 지혜로운 자라면 마땅히 자신의 신념이나 이상까지도 겸허히 양보할 수 있어야만 합니다.

그랬다. 내 눈에 비친 이근원 선배는 다른 많은 '주의자'들과는 분명히 달랐다.

내가 알기에 그이는 누구보다도 완강한 사회주의자였지만, 다른 이들과는 달리 그이의 맨 앞에 놓여 있는 것은 사회주의라는 형식이 아니었다. 그이의 맨 앞에 놓여 있던 것은 '늘' '항상' 사람들의 삶이었고, '우리가 사는 세상은 반드시 인간답게 사는 세상이 되어야 한다'는 그이의 꿈이었다. 그리고 바로 이것이 내가 그이를 존경하는 이유다.

어쨌든 내가 이근원 선배를 처음 만난 공간은 1997년 10월의 권영길 대통령 후보 선거 대책 본부 국민승리21에서였다. 내가 보기에 자본의 정치에 맞선 운동이 그 대안인 '노동의 정치'로 이어질 가능성이 1%에 불과했던 바로 그 공간에서.

내가 20대였을 때 이승만 정부의 1960년 3.15 부정선거나 4.19 혁명은 이미 내게는 역사가 되어 있었듯이, 지금의 20대들에게도 1997년 외환 위기로까지 진행된 한국 경제의 위기와 IMF 구제금융 양해 각서 체결(1997년 12월 3일) 이후의 시기는 이미 역사가 되어 있을 것이다. 그리고 이런 이유로 그 세밀한 이야기들에 대해 별 관심이 없을 수도 있으나, 이근원 선배에 대해 제대로 말하기 위해서는 그 공간의 특수성을 우선 이야기할 필요가 있다.

오직 '1%의 희망'만을 보고 결합했던 1997년 국민승리21이라는 공간에서 만난 사람들 대다수는 내 예상에서 크게 빗나가지 않았다. 자유로운 공동체로의 이행의 전망은 있을 턱이 없었고, 심지어 '격렬한 위기'violence crisis or great crisis로 나아가고 있던 당시의 한국 경제 상태에서* 사회 구성원들의 삶에 주목하여 다수 대중의 광범위한 지지와 신뢰 및 참여를 끌어내기 위한 구체적인 수단과 방책도 그이들에게는 없었다.

주어진 국면의 특수성 때문에 노동자계급의 경험적 자기부정에서 본능적으로 나타난 고용 안정에 대한 문제의식이나 또는 이재영이나 박용진 등 일부 활동가들의 진보 정치에 대한 건강한 문제의식, 그리고 진보정당의 정책을 고민했던 건강한

---

 * 1996년까지만 해도 한국 경제는 이상 팽창 및 투기기로 나아가고 있었다. 기업 순익은 호전되고 있었고(특히 반도체 가격 폭락으로 큰 폭의 순이익 감소가 예상되었던 삼성전자조차 순이익 증가로 반전되었고), 실업율은 2%대로 최상의 고용 상태를 보여 주고 있었다. 급반전이 시작된 것은 1997년 1월 한보철강 부도(이른바 한보 사태)다. 이후 3월 진로그룹 부도 위기, 7월 기아그룹 부도 위기로 이어졌으며, 그리고 이런 흐름이 동시에 금융기관 부실화와 외환 위기로 이어졌다.

학자들을 제외하면, 유의미하게 평가할 수 있는 것들이 거의 없다시피 했다.

내 눈에 비친 그이들 상당수는 '노동자 정치 세력화'라는 당위만이 그이들의 정당성을 지탱하고 있었고, 사람들의 삶의 문제보다 자신들의 이데올로기적 신념을 우위에 둔 사람들이었다. 병법가 손자의 말을 인용하면, 충분한 준비를 거쳐 승산이 확실해진 뒤에 전쟁을 하는 승리자들이 아니라 "덮어 놓고 전쟁을 시작한 뒤에 승리를 바라는" 패배자들, 다른 말로 선거전(이것도 하나의 작은 전쟁이다)에서 요행을 바라는 자들이라고까지 평가 절하해도 될 정도였다.

내가 보기에 그들 가운데 상당수는 당시 노동운동의 성과만으로 민주노총 위원장 권영길이 얻고 있었던 정치적 지지율 3.6~7.6%(1997년 6월까지의 여론조사)를 유지하거나 끌어올리는 데 보탬이 될 수 있는 사람들이 아니었다. 심지어 노동자 정치 세력화는 뒷전인 채 정치경제학적 측면에서는 '반노동 후보'임에 분명한 김대중 대통령 후보를 비판적으로 지지해야 한다고 공공연하게 주장하는 사람들까지 뒤엉켜 있었다. 노동자 정치 세력화에 필요한 지지율 유지는커녕 아낌없이 갉아먹고도 남을 사람들, 이런 이들을 통해 노동의 정치의 건강한 성장을 기대하는 것은 애초부터 불가능한 일이었다.

실제로도 그랬다. 그들 대다수는 '사람들의 삶의 물질적 토대인 한국 경제 전체가 와르르 무너지고 있던 불안한 상황에서 사회 구성원들에게 희망을 줄 수 있는 설득력 있는 대안을 선명하게 제시해도 모자랄 국면'이었음에도, 자신들의 이념적 표현인 선거 슬로건 '일어나라 코리아'나 '재벌 해체' 등이 중요했을 뿐이다.

특히 민족주의적 색채를 드러낸 '일어나라 코리아'는 노동자 정치 세력화의 문제의식을 실종시켜 버렸다는 조직 활동가들의 강력한 반발에 봉착했고, 단결해서 능동적으로 선거전을 진행해야 할 시기에 조직 자체를 균열의 위기로까지 몰아넣었다.

그나마 장상환 교수님이나 김상조 교수(전 공정거래위원장)처럼 진보정당의 정책을 고민해 주셨던 건강한 학자들이 자신들의 연구 성과를 아낌없이 내놓아 주셨기에 주어진 현실의 조건에서 노동의 정치를 위한 대안적 정책의 실마리들을 찾을 수는 있었으나, 정책의 영역에서도 한계는 분명했다. 현대사회의 3대 계급 중 하나인 토지 자본가 계급의 물적 토대인 토지 자본에 대해서는 문제의식조차 존재하지 않았고, 금융자본의 고리대금화 경향(이는 시장 자유주의 정책에 연동된 필연적인 결과다)도 인지하지 못했다.

심지어 IMF 구제금융 신청 이야기가 구체적으로 흘러나오기 시작한 11월 중순의 어느 날은 지금까지도 내게 쓰라린 기억으로 남아 있다.

"IMF 구제금융 신청은 매우 위험한 일이다. 선거 다 때려치우고서라도 외환 통제를 주장하면서 정부 청사 점거 농성이라도 해야 할 심각한 상황이다"라는 나의 말에 누군가 "그런 또라이 같은 말은 하지 말고 정책이나 잘 짜라"고 했고, 이에 대해 감정을 실은 내 반박 "IMF 구제금융의 위험성도 모르는 사람들이 어떻게 진보입니까 퇴보지"가 멱살잡이로까지 이어질 뻔했기 때문이다.

내 오랜 벗 이재영과 당시 국민승리21의 공동 대표였던 김진균 교수님이 나를 옹호하지 않았다면, 나는 아마 당시 그 일로 국민승리21에서 쫓겨났을지도 모른다.

비록 그때의 그 소란 덕분에 당시 대변인실에서 실무 담당자로 있었던 박용진에게 내 입장을 설명할 수 있는 기회가 생겼고, 당시 대변인이었던 유기홍(전 더불어민주당 국회의원)은 "IMF 구제금융 신청은 경제 주권을 포기하는 것"이라는 내용 등으로 짤막한 반대 입장을 밝혔지만,* 외환 통제 주장으로까지 이어지지는 못했다.

어쨌든 박용진(전 더불어민주당 국회의원)은 이런 나에 대해 다음처럼 회고했다.

* 이에 대해서는, 「국민승리21 IMF 구제금융신청 반대」, 〈연합뉴스〉(1997/11/19) 참조.

송태경. 제주 출신의 천재성이 엿보이는 당 경제정책 전문가이다. 아마 19세기 유럽에서 태어났더라면 마르크스, 엥겔스와 친구가 되었을 것이 분명하다는 생각이 들 정도로 『자본론』과 마르크스경제학 분야에서 자기 세계를 굳건하게 세우고 있다. 해마다 '『자본론』 특강'을 열어 『자본론』에 대해 강의하고 있을 만큼 자기 이론과 주장에 자신감이 넘치는 사람이다. 제주에 부인과 아들을 두고 서울로 올라와 사무실 바닥에 침낭 하나 깔고 잠자리를 해결하는 힘든 생활을 하면서 국민승리21의 궁핍함을 함께 견뎌 냈다. 그 고난의 행군 시점에도 얼굴 한 번 찌푸리지 않았고 당 건설 과정에 함께하는 것만으로도 행복해했다. 1997년 대선 국면에서 정부가 IMF 차관 요청을 검토하고 있다는 기사가 흘러나왔을 때 당시 국민승리21뿐 아니라 진보 진영 대부분은 그것이 무얼 의미하는지 전혀 몰랐다. 우리 입장을 발표해야 하는데 막상 내용을 알고 있는 사람이 없었다. 그런데 내가 논평을 쓰기 위해 그에게 찾아갔을 때 그는 단번에 "나라 망하자는 것이죠. 노동자 다 죽어 나갈 겁니다"라고 대답했다. 물론 나는 그 대답을 들은 대가를 톡톡히 치렀다. 무려 한 시간 가까이 그에게서 IMF의 본질, 내부 구성과 정책, 다른 나라의 사례, 한국 경제에 미칠 영향 등에 대한 강의를 꼼짝없이 들어야 했다. 겨우 일어서면서 나는 확인하듯 물어야 했다. "그러니까 결국 우리는 반대해야 한다, 이거죠?" 논평은 8줄짜리로 나갔다. 그 일

이 있은 뒤 나는 이재영 국장에게서 '송태경의 강의를 끊고 일어
서는 방법'에 대해 별도 강의를 들어야 했고 그것은 그 뒤 많은
도움이 됐다. 현 당 정책국장으로 활동 중이다.*

다음과 같은 주장을 펴면서 경제정책에서 재벌 해체 용어
를 배제해야 한다는 나의 완강한 입장도 그들 대다수에게는 받
아들여질 수 없는 것이었다.

재벌 문제의 핵심은 대기업 집단을 지배하는 재벌 일가의 소유
경영 구조의 문제입니다. 또한 극소수 경제 전문가들을 제외하
고는 재벌 해체의 학문적 의미가 재벌 일가의 소유 경영 독점을
해체 내지 해소하는 것이라고 이해하지도 않습니다. 재벌 해체
를 강력히 주장하는 이론가라는 사람들 대다수와 다수 대중에
게 재벌 해체는 곧 대기업 집단을 해체한다는 의미로밖에 들리
지 않을 것이고, 정치적 설득력조차 전혀 없는 주장입니다. 그러
므로 오해의 소지가 너무나 크고 분명하며 대중적 지지에도 전
혀 도움이 되지 않는 재벌 해체 용어를 경제정책에서 배제하고,

* 박용진, 「패배 이후, 다시 시작하는 사람들」 중에서.
박용진의 글의 일부는 이재영이 나에 대해 썼던 글 「'제주 맑스'
송태경의 당 침투 10년」, 〈레디앙〉(2007/04/26)에서도 다시
인용된다.

소유 경영 구조의 민주화 주장으로 대체해야 합니다. 내 입장 (노동자 소유 기업으로의 전환이라는 내 입장)을 조금 양보한다면 '재벌 개혁-경제민주화' 또는 '재벌 체제 해소-경제민주화' 정 도가 적당하다고 생각합니다.

그러나 김상조 교수만이 내 입장의 유일한 동조자였다. 정 책 자문단을 주도했던 장상환 교수님은 내 입장의 타당성을 인 정했을 뿐만 아니라 자신의 주장(장상환 교수님은 대표적인 '재벌 해체론자'다)과 나의 입장이 내용적으로 같음도 아셨으나, 학자 로서 자신의 일관된 주장이 있었기에 끝내 침묵하셨다.

결국 국민승리21의 주요 구성 조직 중의 하나인 정치연대 의 완강한 입장(재벌 해체를 전면에 내세워야 한다는 완강한 입장)이 일방적으로 통용되었고, 이재영조차 '재벌 해체'에 대해서만큼 은 적극 동조했다.

그렇게 '재벌 해체'는 국민승리21의 1순위 경제정책으로 확 정되었다. 경제정책 담당자로서의 내 입장은 완벽히 무시되었 고, 명백히 옳지 않음을 알았으나 수정할 방도가 없었다.

참고로, 1998년 이후 진행된 당시 재계 4위 대우그룹 부도 위기와 그룹 해체 및 이에 따른 엄청난 부작용을 경험한 이후 에야 이른바 좌파라는 사람들 대다수의 입에서 재벌 해체라는 용어가 사라졌지만, 그때까지만 해도 '재벌 해체'를 주장하는 것은 마치 진보의 상징처럼 여겨졌다.

　어쨌든 나는 경제정책을 담당하는 실무자로서 당시 심각한 수준으로 치닫고 있던 한국 경제의 상태에 대해 거칠게나마 경제 종합 대책을 만들어야 할 필요성을 느꼈다. 하지만 나는 당시까지만 해도 실물경제 분석 능력이 초보적인 수준이었고, 이 때문에 반드시 종합 대책에 포함해야 할 두 가지 사안에 대해 전혀 자신이 없었다.

　그 하나는 외환 통제 방안이었다. 나 스스로 이미 외환 통제를 얘기하며 한바탕 소란을 피운 바 있으나, 정책 담당자로서 'IMF 구제금융 신청에 반대하여 외환 통제를 해야 한다'는 주장을 경제 종합 대책에 반영하기 위해서는, 이를 위한 구체적인 수단들과 방책들에 대해 알고 있어야 하는데 당시로서는 너무 몰랐다.

　경제 분야에 정통한 교수님 몇 분과 통화했지만, 김상조 교수 정도가 IMF 구제금융 신청의 위험성을 정확히 인지하는 수준이었다. 또한 외환 통제 문제에 대해서는 그분들도 당시 내가 이해하던 수준이었고, IMF 구제금융 신청 이외에 다른 선택지가 없다고 여겨졌던 당시 사회 분위기에서 끄집어낼 수 있는 방책은 아니라고들 생각했다. 이런 분위기는 말레이시아가 외환 통제(1998년 9월 1일)를 통해 외환 위기를 극복하는 모습을 보여줄 때까지 지속되었다.

스스로의 자신 없음과 그리고 나의 외환 통제 주장을 '또라이 짓'처럼 취급하며 멱살잡이로까지 갈 뻔했던 그 누군가에 대한 트라우마가 나를 짓눌렀다.

다른 하나는 바로 당시와 같은 경제 위기 국면 그리고 이어지는 불황 국면에 '특히' 이행의 강력한 지렛대로 적극적으로 활용할 수 있는 신용 제도(자유로운 공동체로의 이행 문제에서 마르크스가 밝힌 바로 그 신용 제도의 활용)에 주목한 구체적인 대안을 내놓을 수 없었다. 사전 연구 성과가 전혀 없었기 때문이다.

지금이라면, '정부 차원에서 대규모 공적 기금을 조성하고, 차입형 ESOP 원리를 응용·적용하는 등의 방식으로 문제가 되는 모든 기업에서 노동자 기업 인수를 추진해 조기에 경제 불안을 진정시키겠다'고 당당하게 주장할 수 있겠으나, 그때는 나로서도 무지한 전문 연구 영역이었다.

한마디로 국민승리21의 경제 종합 대책이 당면한 경제 위기에 대응하여 사회적으로 설득력 있게 받아들여지는 데 없어서는 안 될 두 가지 측면에서 대안을 당시의 내 능력으로는 만들 방법이 없었고, 도움을 받을 수 있는 연구자도 찾지 못했다. 결국 고민 끝에 나는 위와 같은 두 가지 측면에서의 대안을 경제 종합 대책에서 제외하기로 했고, 외환 통제 주장만큼은 너무나 중요하다 생각했기에 권영길 후보를 통해 입장만 밝히는 것으로 정리했다.

201

며칠을 거의 밤샘하다시피 작업하며 거칠게나마 '소유 경영 구조의 민주화와 〈이자제한법〉의 법령 최고 이자율 단계적 인하(당시 연 25%에서 20% → 15%로 단계적 인하)를 핵심 내용으로 하는 경제 종합 대책을 만들었지만, 당시의 내가 보기에도 그 자체로 결함 많은 대책이었다(새로운 대안 정책들을 자판기 커피 뽑듯 쑥쑥 뽑아낼 수 있으면 얼마나 좋을까라는 '공상'마저 나를 사로잡았을 만큼 절실한 시기였다).

　　'자신이 백방으로 노력하며 무슨 짓을 해도 기자들이 오지 않는다'며 후보 기자회견에 유보적인 입장을 보였던 당시 대변인 유기홍을 어렵게 설득하고, 내가 정리한 국민승리21 경제 종합 대책을 정당 보도 자료 형식 등으로 다듬는 일을 이재영에게 부탁하고 나서야 나는 쓰러지듯 잠이 들었다. 그동안 밤샘 작업의 자연스러운 결과였다.

　　마포 사무실 귀퉁이(대선 사무실에는 잠잘 공간이 따로 있었다)에서 한참을 자다가 이재영이 깨워서 눈을 떠 보니 벌써 하루 24시간이 꼬박 지났다.

　　송 박사, 아무래도 기자회견 자료로 확정하기 전에 얘기해야 하니까 깨웠어요. 재벌 해체가 공식적인 입장이니 입장이 다른 걸(내가 대책의 꼭지 제목으로 잡은 '재벌 개혁-경제민주화') 넣을 수는 없어요. 그리고 조직 생활에서 이러면 안 되는 거예요.

당 조직의 입장에서는 내 오랜 벗 이재영의 얘기가 옳기는 했으나, 명백히 틀린 것을 나는 내 이론적 양심상 그것도 거의 홀로 작업해야 했던 경제 종합 대책에서까지 쓸 수는 없었다. 그래서 '재벌 개혁-경제민주화'로 잡았던 것이었는데, 이재영이 그것을 국민승리21의 공식 입장인 '재벌 해체'로 수정했다.

그렇지만 아무리 국민승리21의 확정된 1순위 경제정책이어도, 내 입장을 깡그리 무시하고 확정된 것일 뿐만 아니라 너무나 명백히 틀린 주장을 내가 만든 대책에서까지 써 놔야 한다는 것이 나로서는 정말 못 견딜 일이었다.

이재영이 화장실 간 틈을 타 이재영이 수정한 부분 '재벌 해체'를 다시 '재벌 체제 해소-경제민주화'로 바꿔 놨다. 그러나 귀신같은 이재영에게 금방 들통이 났고, 다시 수정 복구됐다. 비록 이재영의 미세한 실수로 '재벌 해체'가 아니라 '재벌 체제 해체'로 수정 복구됐지만.

참고로, 이와 관련된 에피소드를 내 오랜 벗 이재영은 다음처럼 남겼다.

송태경과 경제민주화운동본부 사람들은 하나같이 '똥고집'이다. 민주노동당에 있으되, 민주노동당의 공론을 인정하지 않는다. 1997년 권영길 후보의 공약이 '재벌 체제 해체'로 발표된 것은 전적으로 송태경 덕분이다.

당시의 정책위원회에서 '재벌 해체'를 의결하였지만, 단 한 명의 반대자였던 송태경은 기자회견 발표 몇 분 전 내가 화장실에 간 틈을 타 기자회견문 파일에 '체제'를 집어넣었다. 그 사실을 알아차리지 못한 권영길 후보가 인쇄된 그대로 '재벌 체제 해체'라고 읽은 것은 물론이고. ⋯⋯

그를 믿지 않지만 욕하지도 않는다. 비판하지만, 인간적으로 능멸하지는 않는다. 왜냐하면 그의 다수결 불복과 합의 번복이 단지 그의 이론적 소신 때문이지, 민주노동당 정파나 정치인들처럼 '뒷구멍으로 뭔가 챙기려는 것'이 아님을 잘 알기 때문이다.

그 '똥고집' 덕분에 민주노동당이 성장했다. 중앙당이 '부유세, 무상교육, 무상 의료'처럼 화끈한 정치 공세를 펴는 동안 민주노동당의 지역 조직들은 임대차 보호나 학교급식 개선 같은 지역 정책 사업을 펼치며 동네 사람들로부터 인정받아 갔다.

상가 임대차 보호, 주택 임대차 보호, 대형 마트 규제, 노동자 소유 경영 참가, 이자제한법, 신용 회복 지원같이 '장사 되는' 일거리의 아이디어, 정책 연구, 사업 기획, 사업 집행은 모두 이선근, 송태경, 임동현 등 경제민주화운동본부 활동가들의 작품이다.

이런 조류의 사업이 민주노동당에 정착하는 데는 경제민주화운동본부의 '똥고집'과 사업 실적을 경험으로 확인한 지역

조직들의 찬성만이 작용했다. 이런 사업이 최초로 제안됐을 때 '좌파'들은 '노동 중심성'과 '변혁 원칙'을 내세우며 반대 목청을 높였었다.

단지 '개량주의'였던 정책위원회만이 경제민주화운동본부를 소극적으로 엄호해 주었을 뿐이다. 실제에 있어 민주노동당은 경제민주화운동본부를 지원하지 않았다. 그저 방임했을 뿐이다.*

1997년 12월 2일. 정말 단 하루였다. 1997년 대선 당시 권영길 후보 기자회견에 기자들이 몰려든 것은.

그러나 '고용 안정 일자리 지키기'와 '재벌 해체'만 선명히 부각됐고, 군소 후보들의 특이한 공약으로 권영길 후보가 〈이자제한법〉의 법령 이자율 인하를 공약했다는 취지의 짤막한 단신 보도들이 전부였다.

그 당시의 절박한 경제 상황에서 다수 대중에게 대안적 정치 세력으로 희망을 줄 수 있는 강력한 메시지는 어디에도 없었고, 나조차도 만들지 못했다. 나는 그저 참으로 참담한 심정으로 권영길 후보의 기자회견을 담담하게 지켜볼 수밖에 없었다.

* 이재영, 「'제주 맑스' 송태경의 당 침투 10년」, 〈레디앙〉 (2007/04/26).

그리고 다음 날 정부는 IMF 구제금융 양해 각서를 체결했다. 내 눈에는 한국 경제가 더 큰 수렁으로 빠질 것이 분명했고, 수많은 사람들이 고통받을 수밖에 없음이 명확히 보였지만 진보를 자임하는 사람들이 모여 있던 바로 그 공간에서조차 나는 대안을 만드는 데 실패했고, 절망했으며, 스스로의 무능을 자책해야 했다. 『자본론』을 마주한 후 처음으로 마르크스가 밉기까지 했다. 이렇듯 무능한 내게 당신의 엄청난 통찰들이 쏟아져 들어와 뒷감당할 수 없게까지 했냐며.

어쨌든 나는 패배가 너무나 뻔히 보이는 1997년 대선을 더 이상 지켜볼 용기가 없었다. 선거운동을 발 벗고 하고 계신 분들에게는 미안했지만, 『자본론』 겨울 강의 준비를 핑계로 고향 제주로 향했다. 대선 일주일을 앞둔 시점이었다.

진보정당 운동에 관심이 있는 분들에게는 상식이겠지만, 어쨌든 자본의 정치에 대항하는 대안의 정치인 노동의 정치(진보정치)는 1997년 대선에서 참패했다. 지지율 1.2%, 30만 6026표. 사회적 존재감을 인정받기에는 터무니없이 부족한 수치였다.

대선 참패 후 국민승리21은 마포 사무실을 정리하고 지하철 4호선 한성대입구역 근처(성북구 삼선동)로 옮겼다. 그곳은 떠날 사람 다 떠난 황량한 폐허나 다름없었다.

주요 참여 조직이었던 전국연합은 '비판적 지지'와 '일어나라 코리아'로 조직을 분란에 빠뜨린 것으로도 모자라, '대선 시점'에 이미 '대선 종결과 더불어 조직 탈퇴 결의'를 하고 선거 종료와 더불어 관계를 청산했다.

'재벌 해체'를 전면에 내세워 나를 곤혹스럽게 했던 정치연대도 선거 종료와 더불어 관계를 청산했다. 전국연합이나 정치연대 모두 성과 없이 참패로 끝난 국민승리21에 남아 있어야 할 이유를 알지 못했던 것이다.

심지어 국민승리21을 가능하게 했던 조직적 결의의 주체인 민주노총에서조차 해산을 기정사실화하는 분위기였다. 참고로, 비록 대의원대회에서 유보되기는 했으나, 민주노총의 노사정위 결합 파문 후 구성된 민주노총 2기 이갑용 집행부와 당시 정치위원장 정윤광은 '민주노총에서 (국민승리21로) 파견한 사람들을 복귀시켜야 한다'는 입장을 분명히 하고 국민승리21을 실제로 청산하려 했었다.

그랬다. 청산 직전의 상황, 이것이 1998년 1~3월 시기 국민승리21의 객관적 모습이었다. 그러나 내 눈에는 다른 것이 보였다. 국민승리21의 경제정책 담당자로 결합하기 전 내가 보았던 1%의 희망이 거기 있었다. 대선 참패에도 불구하고 일하는 사람들의 희망을 가꾸기 위해 절망하지 않고 나아가야 한다는 열정을 가진 사람들이 그렇게 거기 있었다.

그리고 나는 '몇 가지 조건만 더 충족되면'이라는 단서를 전제로 확신했다. 비록 소수지만 이렇듯 열정적인 사람들이 있고,

여기에 덧붙여 잘만 하면 한국 노동운동의 성과로 형성된 민주 노총을 조직적 기반으로 할 수 있다. 따라서 조직의 리더 등 몇 가지 조건만 더 충족된다면, 자본에 대항하는 대안적 정치 운동을 한두 개쯤은 충분히 전개할 수 있을 것이고, 다수 대중의 광범위한 지지와 신뢰 및 참여를 끌어낼 수 있을 것이다. 그리고 이렇게 될 수만 있다면 그 전까지 한국 사회에서는 이론적 필연으로만 남아 있던 노동의 정치가 현실이 될 수 있을 것이다.

우선 대안적 정치 운동에 필요한 수단과 방책을 만드는 일은 스스로 자신이 있었다. 당시의 경제·사회 상황에서 남아 있는 이들이 노동자 정치 세력화를 위해 무언가를 하고자 하는 경우 고용–실업의 문제에 주목하리라는 것은 한눈에도 명확했고, 나는 이미 정책 담당자로서 이를 검토하고 있었기 때문이다.

조직의 사무와 재정에 대해서 마치 천부적인 재능이 있는 것처럼 내 눈에 비쳤던 최철호 선배(민주노동당 1번 당원이다)도 남아 있었다. 실제로도 최철호 선배는 마치 형제애가 도드라진 화목한 가정의 맏이처럼 조직의 사무와 동료들을 챙겼고, 자동이체서비스Cash Management Service, CMS의 김영수와 함께 한국의 사회운동 단체에서는 최초로 CMS 체제를 도입함으로써 가입하는 회원(당원)의 유지와 관리의 토대를 마련하는 동시에 보다 안정적으로 회비(당비)에 기초한 재정 체계를 수립해 냈다.

결국 내가 연구하고 이해한 육도삼략六韜三略과 손자병법에 따르면, 두 가지 조건만 충족되면 되었다. 첫째는 자본가계급과 임금노동자 계급의 최후의 내전에서 노동의 정치를 지휘할 리더의 문제였다. 그리고 이는 대선 참패로 딜레마에 처한 권영길 대표의 결단이 필요한 부분이기도 했다.

왜냐하면 분산된 역량, 특히 조직의 기초인 민주노총을 통합해 노동의 정치를 성장시키고자 하는 리더가 사라지는 순간 그나마 남아 있던 나의 1%의 희망마저 자연스럽게 소멸될 수밖에 없었기 때문이다. 대선 참패로 딜레마에 처해 민주노총으로 복귀할 것인가 그렇지 않고 노동자 정치 세력화로 나아갈 것인가를 두고 번민하던 권영길 대표를 설득하고 결단으로 이끈 이는 노회찬 전 의원이었고, 그때서야 비로소 나는 권영길 대표를 다시 보게 됐다. 노동자계급의 꿈꾸는 희망을 정말 몸으로 피부로 알고 있는 사람으로.*

둘째는 자본가계급과 임금노동자 계급의 최후의 내전에서 진행하는 대안적 정치 운동도 하나의 작은 전쟁이므로, 이 전쟁을 지휘할 지략이 뛰어난 장수의 문제였다. 이근원 선배가 이 임무를 맡았다.

지금도 선명하다.

* 이와 관련된 내 글로는 「어떤 희망을 갈망할 때, 권영길에 대해」가 있다. 내 블로그에서 검색하면 찾을 수 있다.

1998년 3월 26일 김대중 정부가 실업 대책을 발표했고, 발표 당일 저녁부터 분석 작업에 들어가 2박 3일을 꼬박 밤새워 정책 보고서 「김대중 정부의 실업 정책 문제점」을 정리했던 일.

3월 29일(일요일) 이재영이 내가 정리한 정책 보고서를 다듬으며 "송 박사, 진보정당 역사가 이제 새롭게 시작될 거야"라고 장담했던 일(그리고 결국 그이의 장담대로 되었다).

3월 30일 열린 상임집행위 회의에서 내가 정리한 보고서를 검토하고 이를 기초로 실업대책본부를 결성하기로 한 일.

그리고 운동의 상황실장으로 이근원 선배가 결정된 일.

그리고 이후는 감탄의 연속이었다. 병법의 표현을 빌리면, 이근원 선배는 '실업 대책 운동'에서 "싸울 때와 물러설 때, 우회할 때와 양보할 때, 경쟁하는 적을 기망할 때와 기망할 필요가 없을 때, 그리고 특히 싸우지 않고 온전하게 이길 수 있을 때를 알았고, 최소의 전력으로도 상대를 위협할 수 있음을 알았다."

이근원 선배가 활동을 시작하자마자 방송 언론이 조금씩 주목하기 시작했고, 특히 1998년 4월 23일 제1차 실업자 대회를 기점으로 한국 최초의 대안적 정치 운동인 '실업 대책 운동'이 분명한 윤곽을 드러냈다.

이근원 선배가 주도한 실업대책본부의 구성과 활동은 노숙 문제, 청년 실업 문제, 실업통계 문제, 고용보험 문제, 노동시간 단축 문제 등 김대중 정부의 실업 대책의 허점을 선명하게 드러내는 것이었고, 동시에 주어진 사회적 조건에 대응하는 설득력 있는 정책 대안을 제시함으로써 주어진 문제를 일정하게 개선하도록 강제하는 사회적 성과로 이어졌다. 그리고 특히 이는 많은 이들에게 희망을 주는 일이었다.

참고로, 당시 기획 부서에 있던 동료 황정아는 내가 정리한 정책 보고서의 내용 "미취업 대졸 예정자의 졸업을 유예할 수 있는 방안 등의 교육 연장 제도는 통계상 경제활동인구에 포함되어 실업자로 분류될 사람들을 비경제활동인구로 분류하기 위한 얄팍한 생각이 스며 있을 뿐, 실업 대책과는 거리가 먼 얘기"에 주목하여 당시까지 실업통계에 있었던 치명적인 문제(특히 사실상의 실업자를 비경제활동인구나 고용 인구 등으로 구분하여 실업통계에서 배제하고 이를 통해 실업률을 낮게 산정하는 문제)를 공론화하는 데 결정적 기여를 했고, 정부로 하여금 이를 보완할 수밖에 없게 했다.

청산 직전에 있던 국민승리21도 이근원 선배가 주도한 '실업 대책 운동'과 맞물려 기적처럼 성장하기 시작했다. 방송과 언론의 집중적인 조명을 받을 수 있었고, 국민승리21이 살아 있음을 다수 대중에게 알릴 수 있었다. 그리고 특히 이는 정당으로서 살아남기 위한 필수 조건인 당원 확보에 결정적으로 중요했다.

1998년 3월 이후 살아남기 위한 필수 조건으로 회원(법적으로는 정당이었으므로 당원) 수를 늘리기 위해 온갖 노력을 기울였음에도 국민승리21의 회원 수는 거의 증가하지 않았다. 1998년 4월 중순까지 겨우 200명을 넘긴 수준, 그야말로 대안 정당이라고 말하기에는 아주 초라한 수준에 불과했다.

그러나 4월 23일 제1차 실업자 대회 이후부터 회원 수는 가파르게 증가하기 시작했고, 민주노동당 창당준비위원회로 전환되기 직전인 1999년 8월 말에는 당비를 내는 회원 수가 3100명에 이르렀다.

국민승리21의 조직적 기초였던 민주노총 내의 분위기도 획기적으로 달라지기 시작했다. 내가 알기에 당시 민주노총 정치위원장 정윤광은 국민승리21을 청산하고, 제2기 이갑용 집행부의 민주노총 주도로 새로운 판을 짜려고 구상하고 있었다. 아마도 '민주노총에서 (국민승리21로) 파견한 사람들을 복귀시켜야 한다'는 1998년 4월의 민주노총 상임집행위원회의 결정은 이런 구상의 결과였을 것이다.

그러나 이근원 선배가 주도한 '실업 대책 운동'이 방송과 언론의 집중적인 조명을 받기 시작하면서 국민승리21을 통한 노동자 정치 세력화의 가능성에 회의적인 분위기가 민주노총 내부에서 사라지기 시작했다. 국민승리21을 청산하고 새판을 짜려던 민주노총 정치위원장 정윤광의 구상은 암초에 부닥쳤고, 결국 그이도 국민승리21 주도로 새로운 진보정당을 창당하는 것에 동의할 수밖에 없었다.

그러므로 이후 민주노동당 성장의 튼튼한 조직적 동력으로 민주노총이 스스로 자기 정립할 수 있었던 배경에는 이근원 선배가 주도한 1998년 '실업 대책 운동'이 있었던 셈이다.

어쨌든 최초의 대안적 정치 운동인 '국민승리21의 실업 대책 운동'에서 '무엇보다 사람들의 삶을 맨 앞에 놓고 마치 자신의 일처럼 실업 문제를 성심성의껏 해결해 가고자 했던 이근원 선배'의 역할이 얼마나 결정적이었는지는 이후의 전개 과정을 통해서도 입증된다. 즉, 실행을 총괄했던 이근원 선배가 1998년 7월 공공연맹으로 복귀(그이는 노동자 정치 세력화를 위해 민주노총에서 파견된 파견자였다)하면서 그렇게 왕성하게 움직였던 국민승리21 실업대책본부는 와해되기 시작했다.

이근원이라는 변수를 제외하면 '실업 대책 운동'을 시작하던 시점과 비교해 모든 조건이 우월했다. 실업의 영역에서 국민승리21은 사회적 발언권을 획득했고, 전국적으로 실업자 조직도 생겨났다. 송태경-노대명으로 이어지는 정책 생산 공급원(특히 프랑스의 실업 운동 등을 연구한 노대명 박사와 같은 훌륭한 정책 생산 공급원)을 가지고 있었고, 활동에 필요한 자금 공급 능력도 실업대책본부의 발족 시점보다 훨씬 더 나아졌다. 중앙의 움직임을 관망할 수밖에 없었던 지역 활동가들이나 노동운동 활동가들도 더불어 같이 움직이고 있었다. 또한 1998년 이후 진행된 대우그룹 부도 위기 및 그룹 해체 하나만 떠올려도 알 수 있듯이, 실업

213

문제와 관련된 사회적 이슈는 계속해서 생성되고 있었다.

그러나 대안적 정치 운동의 성공에 반드시 필요한 세 가지 요소(주어진 상황과 조건에 맞는 설득력 있는 정책을 적기에 생산-공급할 수 있는 능력, 이를 실행할 수 있는 실행 능력, 이를 뒷받침하는 인적 요소와 기초 활동 자금 등) 중에서 이근원 선배의 공공연맹 복귀와 함께 실행 능력이 사라졌다. 그리고 이후 우리 사회에서 최초의 대안적 정치 운동으로 출현했던 '국민승리21의 실업 대책 운동'은 그 성과와 한계에 대한 평가조차 없이 정말 소리 소문 없이 소멸해 갔다.

나는 이에 대해 다음과 같이 썼다.

'실업의 영역'에서 노동 대중을 포함하는 사회 구성원들의 지지와 신뢰 그리고 참여를 끌어내는 결정적 변수(당시 국민승리21로서는 성장의 원동력이기도 했다)였을 뿐만 아니라 동시에 주어진 사회에서 주어진 사회적 문제를 해결할 수 있는 구체적인 능력을 갖춤으로써 결정적인 국면(즉, 정권 쟁취 후)에 주어진 모든 문제를 신속하게 해결할 수 있는 가능성을 잉태하고 있었던 실업대책본부는 불행하게도 퇴행·소멸의 길로 나아갔습니다.

한마디로 실업대책본부는 역량의 부족이라는 내부 사정 이외에 민주노동당으로의 형태 변화라는 또 하나의 사활적 문제 때문에 역량 부족을 극복하기 위한 심도 깊은 노력의 부족, 이런 사안들에 대한 충분한 경험과 지적 인식의 부족 등이라는 사정이 추가되면서 소멸했습니다.

　　그러나 이와 같은 내부 사정은 소멸의 완전한 이유가 될 수 없습니다. 왜냐하면 형태 변환된 민주노동당에서 그것은 충분히 계승될 수 있었으며, 설령 온전히 계승되지 않더라도 성공과 소멸 과정에 대한 평가를 통해 그 사회적 경험과 성과는 계승했어야 했기 때문입니다.

　　특히 이 후자의 측면을 '심하게 강조하면', 실업대책본부의 소멸은 노동의 정치 또는 진보 정치를 표방하는 민주노동당이 스스로의 사회적·역사적 책무를 '방기'한 단적인 사례이자 앞으로도 그럴 가능성이 있음을 예고하는 것이라고까지 말할 수 있으며, 또한 민주노동당은 실업대책본부의 경험이나 경제민주화 운동본부의 경험에도 불구하고 아직도 성장과 집권의 원동력 및 문제 해결의 구체적 수단과 방법이 무엇인가를 뼈저리게 체득하지 못하고 있음을 입증하는 것이라고까지 말할 수 있습니다.*

어쨌든 나는 단언한다.

* '한국에서의 진보정당'을 주제로 했던 민주노동당 제주도당 주최 토론회 발제문, 송태경, 「민주노동당: 그 성장의 비결과 한계에 대해」(2002/12/21) 중에서.

권영길 대표의 1998년 3월의 결단과 이근원 선배가 주도했던 우리 사회 최초의 대안적 정치 운동인 '실업 대책 운동'이 있었기에 그 전까지는 다만 이론적 필연으로만 남아 있던 노동의 정치 또는 진보정당이 우리 사회에서도 현실적으로 성장할 수 있었다고. 한마디로 성장의 초기에 이근원 선배는 권영길 대표에 필적할 수 있는, 아니 그 이상의 공헌을 했다고.

그리고 이근원 선배가 의도하지는 않았으나, 나는 개인적으로 그이에게 한 가지 고마움도 남아 있다. 『자본론』과 함께 자유로운 공동체로의 이행을 꿈꾸는 나의 삶이 혼자만의 여정이 아님을 '실천적으로' 깨닫게 해줬다는 것이 바로 그것이다.

끝으로 이 글을 빌려 우리 사회에서 외형적으로는 분명히 진보정당을 대표하고 있는 정의당의 활동가들에게도 바란다.

내가 늘 존경하는 이근원 선배처럼 '사람들의 삶의 문제를 마치 자신의 일처럼 성심성의껏 마주하고 이를 해결하기 위한 대안적 정치 운동을 왕성하게 전개할 수 있기를'. 노동의 정치의 성장에 기초해서 획득한 입법 권력으로 의회 내에서 개인의 능력만 뽐내지 말고 대안적 정치 운동을 위해 그 권력을 효과적으로 사용해 달라고. 그리고 그리해 준다면 분명히 정의당은 다수 대중의 광범위한 지지와 신뢰 및 참여를 기초로 사회적 헤게모니를 쥘 수 있고, 집권이라는 정치혁명 정도는 달성할 수 있다고. 진심으로 그리해 주기를 바란다.

20
『자본론』과 민주노동당가
「평등·통일의 새 세상을 향하여」

송 박사님, 이거 좀 봐주세요. 이게 맞는지.

1999년 가을의 어느 날, 동료 김문영이 내게 내민 것은 이후 '민주노동당가'로 인정되고 널리 불려진 「평등·통일의 새 세상을 향하여」 가사 초안이었다.

내가 본 가사 초안 말미에는 "인간은 평등하고 노동은 해방되고 사회는 평등하게"로 되어 있었다. 평등의 중복이 아무래도 아닌 것 같아 물어본다는 그이의 얘기에 "나는 음악적 재능이 완전 꽝인데, 어쨌거나 내 의견만 말할게요"라며 대략 다음처럼 얘기해 줬다.

인간은 사회적으로는 사회 구성원으로서 모두가 다 평등해야 해요. 그러나 자연적 차이는 그 자체로 어쩔 수 없는 자연스러운 거고요, 자유로운 개성의 차이도 자연스럽고요. 그리고 이런 측면에서는 기계적 평등이 아니라 그 차이를 인정하고 존중하는 게 가장 바람직한 사회고요. 그러므로 내가 『자본론』을 통해 이해한 바로는 인간은 사회적 동물, 사회적 존재이므로, 니체Friedrich Nietzsche의 표현처럼 인간은 '인간다운 너무나 인간다운' 상태가 가장 좋은 상태라고 생각해요.

김문영이 내 얘기를 받았다. "어, 그거 좋은데요. 인간이 인간답게."

노동 해방도 우리가 일상적으로 쓰는 용어이기는 하지만, 까칠하게 따지면 틀린 얘기예요. 문영 씨가 다루고 있는 문제가 지금 실업 문제잖아요. 자본주의사회에서 노동자가 노동에서 해방되면 실업자가 돼요. 까칠하게 따지면 그렇다는 거고, 엄밀한 용어는 노동자계급의 경제적 해방이에요. 어쨌든 노동은 인류가 삶을 영위하려면 어쩔 수 없이 해야 하는 자연의 구속이기도 해요. 따라서 가장 바람직한 건 (자본주의 질곡 또는 계급사회의 질곡으로부터) 노동이 경제적 해방이 이루어지고 노동 자체를 즐길 수 있는 상태, 노동을 아름답게 느낄 수 있는 상태예요.

김문영이 또 내 얘기를 받았다. "어, 그것도 좋은데요. 노동이 아름답게."

뭐, 사회가 평등해야 하는 것은 너무나 당연하니까 거기에 대해서는 특별히 할 말 없고요. 굳이 덧붙이면, 지구 자연과 유기적으로 공존하면서 자유롭고 풍요로울 수 있는 상태가 가장 좋은 건데, 이건 노동이 아름다울 수 있는 상태와도 같아요.

그리고 그렇게 김문영은 내 얘기에 고마움을 표하며 자신의 가사를 다듬었고, 민주노동당가 「평등·통일의 새 세상을 향하여」를 만들었다.

새 세상을 꿈꾸는 자만이 새 세상의 주인이 된다. 자유로운 민중의 나라 노동자 해방을 위해 / 오늘의 절망을 넘어 희망의 역사를 열어라. 아아 민주노동당이여 이제는 전진이다. / 인간이 인간답게 사회가 평등하게 노동이 아름답게 민중이 주인 되게 / 평등과 통일의 길에 어떠한 시련도 마다 않겠다. 아아 민주노동당이여 이제는 전진이다.
- 민주노동당가, 「평등·통일의 새 세상을 향하여」(김문영 글, 박향미 곡)

그러나 고마워해야 할 사람은 나였고, 나처럼 민주노동당을 통해 '일하는 사람들의 희망'을 꿈꾸는 모든 이들이었다. 아무도 '당가'에 대해서는 생각하지 못할 때 꽃다지 출신 김문영은 자신의 재능을 아낌없이 쏟아부어 주었고, 민주노동당이 역사 속으로 사라진 지금까지도 많은 이들의 가슴속에 여전히 남아 있는 희망의 노래를 남겼다.

그리고 나는 김문영을 통해서야 체감했다. 어쩌면 딱딱하게만 느껴질 수 있는 『자본론』의 통찰들이 음악적 재능이나 예술적 재능을 가진 사람들에게는 무궁무진한 영감의 원천일 수도 있겠다는 사실을. 말이나 글로만 접했던 이야기를 나는 김문영을 통해서야 비로소 피부로 공감하게 되었던 것이다.

지금도 나에게는 처음 만났을 때 김문영의 모습이 선명하다. 자신의 가진 재능은 별로 없지만 '일하는 사람들을 위한 정치에 조금이라도 보탬이 되기 위해' 1998년 어느 날(존경하는 이근원 선배가 공공연맹으로 복귀하기 직전인지 아님 그 이후인지가 좀 애매하나) 국민승리21 사무실로 찾아왔던 김문영의 모습이. 고작 일주일 차비 3만 원이 전부였던 시절이었음에도, 자신이 처음 맡게 된 실업대책본부 자원봉사 일에 보람을 느끼며 즐겁게 일했던 김문영의 모습이.

내가 보기에는 기획·홍보 분야에 분명한 재능이 있었지만,*

---

* 이 글을 쓰면서 김문영의 소식이 참으로 궁금했다. 2008년

자신의 재능을 제대로 발휘할 수 있는 기회를 얻지 못한 채 늘 밑바닥 실무자로 남아 있어야만 했던 그이. 그렇지만 나 이상으로 '일하는 사람들의 희망, 민주노동당'을 사랑하며 자신의 맡은 바 일을 기꺼이 즐겼던 김문영. 그런 김문영에게 내가 보고 느끼고 배웠던 것은 또 하나 더 있다.

아낌없이 주는 나무가 바로 그것이다. 우리 사회에서 노동의 정치의 건강한 성장의 배후에는 김문영처럼 아무런 사심 없이 자신의 재능을 아낌없이 주는 무수히 많은 사람들이 있었고, 민주노동당가의 김문영과 CMS의 김영수는 그 상징이라 할 수 있다.

참고로, 꽃다지는 나의 『자본론』 공부 과정과 사회적 삶에서 만난 소중한 인연의 하나다. 꽃다지 출신 김문영이 그랬고, 꽃다지의 정윤경 음악감독과 민정연 대표는 『자본론』이 맺어 준 소중한 인연이다. 특히 정윤경 감독의 노래 「착한 사람들에게」는 내 오랜 벗 이재영이 신이 나면 흥얼거렸던 노래로, 내게

2월 민주노동당 분당 사태와 파국으로 나 이상으로 아팠을 김문영이 지금은 어떻게 지내는지. 그리고 이 글을 계기로 연락이 닿았다. 꽤 오랫동안 나처럼 많이 아팠다고 하며 최근에야 겨우 맘을 추스르고 자신의 재능을 살려 조그만 사업을 시작했노라 한다. 창업 성공률 지극히 낮으므로 김문영이 본전치기 이상만이라도 할 수 있기를 간절히 바라는 맘이다.

는 마치 '진보정당 성장사에서 시기상조론이니 회의론이니 하는 이상한 얘기들에 굴하지 않고 너무나 낙관적이었던' 이재영을 위한 노래처럼 이해되기도 한다. 이해를 돕기 위해 1절만 올린다.

왜 우린 우리 스스로 만든 권력이 필요하다는 건 알면서도 왜 아직 망설일까요 / 똑같은 놈 똑같은 권력이 싫고 염증이 난다 하면서도 왜 아직 망설일까요 / 아직 부족해서라는 말은 말아요 아직 때가 아니라서라는 말은 말아요 / 그건 완벽한 부모가 되기전에 아기는 갖지도 낳지도 말란 말과 똑같잖아요 똑같잖아요.

21
자유로운 공동체로의 이행과
경제민주화 운동

『자본론』이 내 삶 속으로 들어온 이후, 『자본론』은 늘 내 사회적 삶의 동반자이자 실천의 토대였다. 사정이 이렇다 보니 '시대가 어느 땐데 아직도 마르크스 『자본론』이냐'는 유형의 얘기를 나는 누구보다도 더 많이 들으며 살아왔다.[*]

마르크스 또는 『자본론』 하면 사회주의로 자신을 포장했던 '국가와 노동의 관계에 기초한 국가주의 사회'(북한을 포함한 소비에트 유형의 사회)를 떠올리는 다수 대중의 완강한 믿음(그러나 사실에 기초할 때 명백히 그릇된 믿음), 심지어 전문가, 이론가, 학자에

[*] 참고로 '자본론 박사', '제주 맑스'라는 내 별명 때문에, 기존에 형성되어 있는 선입견에 따라 나를 마르크스주의자라거나 사회주의자라고 그릇되게 재단하는 경우도 간혹 있었다. 이와 관련한 사실이 그렇지 않음을 분명히 밝힌 내 글로는 「나에게 이념의 딱지를 붙이려는 사람들에게」가 있다. 내 블로그에서 검색하면 찾을 수 있다.

석학이라는 타이틀을 가진 사람들조차 이리 생각하고 주장했던 지난 100여 년의 역사.

그리고 특히 1990년대를 정점으로 소비에트 유형의 사회들이 그리 큰 총성이나 환희도 없이 와르르 무너지기 시작한 이후, 마르크스나 『자본론』을 마치 '한물간 구닥다리'처럼 취급하는 사회 분위기.

그랬다. '아주 강력하고 충격적인 진실의 힘'이 그들에게 형성된 그릇된 믿음 또는 견고한 고정관념을 무너뜨리지 않는 한, 그 큰 흐름은 나로서도 어쩔 수 없는 것이었다.

병법의 대가 손자가 이미 통찰했듯이 강하면 피하는 게 상책(강이피지 계책强而避之 計策)이고, 나의 허점을 방비하는 동시에 우회하여 적의 허점을 노리는 우직지계迂直之計의 지혜가 필요했다.

마르크스의 학문적 태도처럼 우선 나는 '과학적 비판에 근거한 의견이라면 무엇이든 환영'했지만, '여론이라는 편견에 대해서는' '남이야 뭐라든' 경제학자로서의 내 사회적 삶을 살아가면 그만이었다.

그러므로 나는 '시대가 어느 땐데 아직도 마르크스『자본론』이냐'는 대중적 편견을 마주하는 경우 대부분은 웃으며 피하는 상책을 썼다. 그리고 예외적으로 대화가 되는 경우 '『자본론』은 자본주의사회의 경제적 운동 법칙을 밝힌 책'이라는 얘기를 풀어서 말해 주고는 했다. 그러므로 나의 『자본론』 공부와 사회적 실천에서 남는 문제는 다음과 같을 수밖에 없었다.

명백히 불리한 형세에서 우직지계의 지혜에 따라 자유로운 공동체로의 이행을 촉진할 수 있는 구체적인 수단과 방책들을 풍부히 찾고, 노동의 정치를 성장시켜 실제로 이행을 촉진하는 일이 바로 그것이다. 다시 말해, 실천적으로 이론적 타당성을 입증하는 길, 이것이 내가 택한 방책이고 우회로다.

비록 머나먼 여정이고 주어진 이데올로기적 형세 때문에 외로울 수도 있으나, 나는 나의 길을 가야만 했다. 왜냐하면 노사관계에서 '사용자'라는 말 한마디에 내포되어 있듯이, 인간이 인간을 사용하고 따라서 다수는 사용당하는, 소수가 지배하고 따라서 다수는 지배당하는, 노동도 하지 않으면서 오직 어떤 권리나 강제에 기초해 노동의 성과를 자기들 입맛대로 분배하고 가져가는, 따라서 '엄밀한 의미에서' 다수의 노동자는 노동의 성과를 착취당할 수밖에 없는, 그럼으로써 인류 삶의 환경인 지구 자연까지 병들게 하는 이 황당무계한 자본주의의 질곡 또는 계급사회의 질곡은 종결되어야 마땅하기 때문이며, 설령 내가 종결시키지 못하더라도 그 종결의 실마리는 정치경제학을 공부한 사람으로서 마땅히 찾아 줘야 했기 때문이다. 그리고 이것이 곧 나의 꿈, 자유로운 공동체로의 이행의 꿈이기도 했다.

다른 한편 『자본론』 공부 과정에서 '생산, 분배, 소비의 사

225

회적 성격을 규정하는 생산관계 및 이의 법률적 표현인 소유관계의 관점(즉, 경제적 시대를 구분하는 기준)'에 따라 내가 정리해 낸 자본주의사회의 상이한 발전 단계 또는 이행의 경로는 대략 다음과 같다.

첫째, 자본주의 시대 최초의 발전 단계는 '사적 소유 자본주의'private property Capitalism 시대다.

둘째, 사적 소유 자본주의는 19세기 후반 이후 크게 변화되기 시작한다. 자본주의적 사적 소유 기업들이 주주 공동 소유의 기업, 즉 "부르주아사회의 최종 형태의 하나인 주식회사"*로의 전환이 촉진된 것이다. 그리고 이런 변화를 경제적 시대를 구분하는 기준으로 살펴보면, 자본주의가 사적 소유 자본주의 시대에서 주주 자본주의shareholder Capitalism 시대로 이행한 것이라고 정리할 수 있다. 또한 한국 자본주의의 주주 자본주의로의 이행은 1980년대 주식 상장 열풍 이후의 일이다.

셋째, 노동자들의 자연발생적인 자기 회사 주식 소유와 노동 이사·노동 감사 형태의 경영 참여 현상(즉, 자본의 소유와 경영의 권력 일부를 노동의 소유와 경영으로 전환)에서 알 수 있듯이, 주주 자본주의 시대에 이르러 현대자본주의의 기본적인 전제이자 출

---

* 칼 마르크스, 「정치경제학 비판 서문」, 『경제학 노트』,
김호균 옮김, 이론과실천, 1989, 42쪽.

발점인 자본가에 의한 소유와 경영의 독점 상태에 대한 근본적인 변화가 시작된다.

또한 이런 변화를 변증법적으로 사유하면, 자본주의가 자유롭게 생산과정에 결합한 노동자들이 공동으로 소유하고 경영하는 사회 경제 체제(자유인들의 연합)로 이행하고 있음을 직접적으로 드러내는 것으로, 우리는 여기서 자유인들의 연합(자유로운 공동체)으로의 이행의 필연성 또는 이행의 자연발생성을 확인할 수 있다. 그리고 이를 더 간단하게 하면 다음과 같다.

'사적 소유 자본주의' → 주주 자본주의 → 자유인들의 연합

따라서 이행의 경로가 이와 같으므로, 주주 자본주의로 이행한 한국 자본주의를 전제할 때 『자본론』의 통찰에 기댄 내 '주요한 연구 과제'(노동시간 단축이나, 임금정책이나 산업 정책 또는 금융 정책이나 조세·재정 정책 등 전문 연구 분야를 제외한 주요한 연구 과제)는 다음과 같은 것으로 정리할 수 있었다.

첫째, 현재의 자본과 임금노동자 사이의 관계를 연합된 생산자들의 소유관계로 전환시킬 수 있는 구체적인 수단과 방책은 무엇인가. 그리고 이와 관련해서 내가 집중적으로 연구한 것이 종업원 소유 제도ESOP와 노동자 기업 인수였다. 선행자로서의 연구 결과 몇 가지를 소개하면 다음과 같다.

1. 주식 양도 차익, 배당소득에 대한 과세를 강화하는 동시에 종업원 소유 조합(한국에서는 우리사주조합)*에 매각하는 경우 양도 차익 비과세 정책 등이 병행된다면, 주주 입장에서는 시장 매각보다 종업원 소유 조합 매각을 선호하게 될 것이다. 미국의 ESOP에서 노동자 주식 소유 비율이 높은 기업들이 많은 것은 특히 이와 관련된 제도가 작동하기 때문이다.

2. 노동자가 매월 급여의 일정액을 출연하고 여기에 기업이 대응 출연하는 제도를 활성화하면, 개별 기업에 노동자 소유 기금(우리사주기금)이 안정적으로 조성될 수 있고, 노동자들은

---

* 한국형 노동자 소유 제도인 우리사주제도의 뼈대-골격에 해당하는 우리사주조합이란 '대주주 등을 제외한 경영이사에서부터 현장 노동자들까지 회사의 전체 노동자들이 취득한 우리사주(자기 회사의 주식)를 관리함으로써 전체 노동자들의 복지 증진 및 노동자 주주들의 경제적·사회적 지위의 향상을 도모하기 위해 조직한 단체'를 말한다. 또한 우리사주조합은 노동조합과 마찬가지로 1인 1표주의에 입각한 조합원총회(또는 대의원총회) 구조와 총회에 의해서 통제되는 대표기구(조합장, 이사회와 감사)를 갖고 있기 때문에 전체 노동자들이 민주적-집단적으로 의결권을 행사하여 경영에 참여하거나 기업의 실질적인 소유자로서 직접 민주주의 원칙에 따른 자율 경영의 이상을 실현할 수 있는 통로로서 역할을 할 수 있는 '가능성'을 갖추고 있다. 참고로 독일의 종업원 평의회 Betriebsrat는 노동자 소유 참여 조직으로 직접적으로 전환될 수 있다는 것이 나의 생각이다. 또한 노동자 소유 참여나 노동자 기업 인수는 노동자들의 공동 행위이므로 우리사주조합이나 독일의 종업원 평의회처럼 이 역할을 할 수 있는 조직을 필요로 한다.

기업의 대응 출연금만큼 부담을 줄이면서 기업 소유권인 주식을 안정적으로 확보해 갈 수 있다. 그리고 이 경우 노동자 소유 기금 등을 활용한 차입과 상환 방식(즉, 신용 제도 활용)을 발전시켜 갈 수도 있다.

　3. 노동자 개개인과 집단의 신용을 활용하여 대규모 자금을 차입하여 기업을 인수한 후, 대응 출연 제도나 공동 출연 제도를 접목하여 원리금을 상환해 갈 수 있다(미국의 차입형 ESOP는 이와 관련된 대표적인 제도다). 또한 노동자 기업 인수는 적극적인 고용 안정 방안이자 실업 구제 방안인 동시에 산업 및 지역 경제의 안정적인 존립과 성장을 도모하는 방책이기도 하므로, 소극적으로 고용 유지 지원금을 지원하거나 또는 적극적으로 장기 저리 등으로 정부 신용을 다양하게 제공해 줄 수도 있다. 단, 노동자 기업 인수에서 특히 주의해야 할 것은 기업의 악성 채무를 사전적·사후적으로 털어 내는 일이다.

　4. 기업 매각(특히 법정 관리 기업 및 이에 준하는 기업의 매각)에서 노동자 우선 매수권 제도를 도입할 수 있다(이와 관련된 내 글은 「우선 매수제가 필요한 두 영역, 세입자 및 종업원 우선 매수」가 있다. 내 블로그에서 검색하면 찾을 수 있다).

　5. 노동자들의 소유와 연동된 경영 민주화의 진전뿐만 아니라, 법제로 뒷받침하는 노동 이사·노동 감사 제도의 도입을 통해서도 경영 민주화를 촉진할 수 있다. 참고로, 스웨덴은 이

사회 참가법이 있고, 이와 별도로 노동조합이 모든 경영 사항에 대해 공동 결정을 요구할 수도 있다.

6. 미시적인 제도 개선 문제나 실천적으로 세심하게 살펴야 할 문제나 '새로운 형태의 혁신적인 방책을 찾아내는 일' 등을 별개로 하면,* 1~5의 사항들을 유기적·복합적으로 응용·확장할 수 있다. 또한 자본주의적 소유의 다른 형태들에 대해서도 응용·확장할 수 있다. 예를 들어, 한국 자본주의에서 사립학교는 법률로 정한 학교법인이 아니면 설립할 수 없다. 그러나 우리가 만일 관련 법률로 교직원 소유 조합(또는 교직원 조합)을 두고, 교직원 소유 조합이 학교법인의 자산을 합리적으로 인수할 수 있도록 제도를 설계한다면 1~5의 사항들은 유기적으로 응용·적용될 수 있다.

둘째, 토지 소유의 독점에 기초한 토지 자본 관계를 소멸시킬 수 있는 이행의 방책은 무엇인가.** 이와 관련된 선행자로서

* 여기에도 종업원 소유 조합(한국에서는 우리사주조합)의 민주적 운영, 소유자로서의 민주적 권리 행사, 노동 이사 제도나 노동 감사제도 등과의 유기적인 관련, 의결권 행사 문제 및 공유 지분으로의 전화, 외부 주식시장 환경과의 관계 등 반드시 살펴야 할 여러 문제가 놓여 있다.
** "자본주의적 생산양식의 위대한 공적의 하나"는 "토지 소유를 지배-종속관계로부터 완전히 해방"시키고, "노동조건으로서의 토지를 토지 소유와 토지 소유자로부터 완전히

230

의 주요 연구 결과는 다음과 같다.

1. 현실에서는 임대차 관계를 중심축으로 하는 토지 자본 관계에서 세입자에 대해 우월적 독점을 행사할 수 없도록 임대차 보호 제도를 최대한 강화해야 한다. 이는 토지 자본의 이익 극대화에 악용되거나 손실의 전가를 방지하는 동시에 토지 자본이 생산과 분배 및 소비에 부정적 경향을 최소화할 수 있는 기본적인 전제다.

2. 1의 기본적인 전제가 충족되는 경우, 토지 자본에 대한 소유가 생산과 분배 활동을 하기 위한 생산수단 소유나 또는 주거 등을 위한 개인적 소유가 아니라 임대 수입이나 매매 차익만을 목적으로 하는 비생산적 소유인 경우 임대 소득세, 보유세, 양도 과세, 거래세 등의 조세정책 및 관련 금융정책 등을 최대한 강화하고 합리적인 사회적 규제 방안을 병행하여 토지 소유

분리"시켜 버린다는 점이다. 그리고 이 때문에 토지 소유는 자본주의적 생산관계와 완전히 독립적으로 존재할 수 있고, "토지는 토지 소유자에 대하여 일정한 화폐조세(*주: 토지 독점을 근거로 이를 이용하고자 하는 자본가나 개인적 이용자로부터 대가를 받는 것)를 대표할 뿐이다"(『자본론』 제3권 제6편 '초과이윤의 지대로의 전환', 제37장 「서론」 중에서). 따라서 이런 토지 자본 관계의 소멸을 촉진하기 위한 이행의 방책은 자본주의적 생산관계들과는 다소 독립적이고 급진적으로 추진될 수 있다. 비록 자본주의적 생산양식이 소멸되지 않는 한 토지는 계속해서 자본주의적으로 가치 평가될 것이고, 이에 연동된 것만큼 토지 자본 관계를 완전히 소멸시킬 수는 없지만.

독점을 위한 경제적 유인 동기를 최소화해야 한다. 만일 1의 기본적인 전제가 충족되지 않는 경우 손실의 세입자 전가 등 심각한 부작용을 동반할 수 있다.

3. 토지 자본의 매각에서 세입자 우선 매수 제도가 작동해야 한다(단계적으로 경매되는 토지 자본에 대해 우선적으로 적용해 가는 방식을 취할 수도 있다).

4. 주거 영역에서의 공공 임대주택이나 협동조합들에 의한 사회적 임대주택, 산업의 영역에서의 국공유지 임대 제도는 토지 자본 관계에 따른 사회적 부작용을 완충하는 과도기적 대책이므로, 주거의 안정과 산업의 안정 및 지대 발생의 최소화를 주요 목표로 취급하고 설계되어야 한다.

5. 미시적인 제도 개선 문제가 다양한 형태로 존재한다.

셋째, 특히 은행자본은 산업자본의 소멸을 전제하기는 하나,* 이와는 별도로 채권-채무 관계를 중심축으로 하는 금융자본 관

---

* 토지 자본과 달리 특히 은행자본은 산업자본의 운동에서 자본주의적 분업에 따라 독립하여 발달한 자본 형태다. 따라서 은행자본은 산업자본의 소멸을 전제해서만 또는 연합된 생산자들의 소유가 성숙해 가고 기업 간, 산업 간 관계가 협동과 연대의 원리에 따라 재조직되어 성숙해 갈 때만 소멸시킬 수 있는 자본 형태다. 참고로, 내가 정치경제학의 연구 방법론에 따라 자유로운 공동체의 맹아로 평가한 몬드라곤 협동조합 복합체는 공동체 구성원들의 생산과 분배 및 소비의 제한된 공간 범위 내에서 토지 자본 관계를 거의 소멸시켰지만 협동조합은행 카자와는 여전히 동행하고 있다.

계를 소멸시킬 수 있는 이행의 방책은 무엇인가. 이와 관련된 선행자로서의 주요 연구 결과는 다음과 같다.

1. 채권-채무 관계에서 우월적 독점을 행사할 수 있는 금융자본은 열등한 지위에 있는 채무자를 상대로 언제든 고리대금화 경향을 보여 줄 수 있으므로, 이에 대한 사회적 안전장치인 법령 최고 이자율이 합리적인 수준에서 결정되고 빈틈없이 강제되어야 한다.* 예를 들어, 법령 최고 이자율 위반을 반사회적 행위로 보고, 위반하는 경우 원금과 이자를 무효로 하는 등의 내용을 법제화한 독일의 민법 규정이나 미국 아칸소주 법은 법령

* "이자율의 최고 한도가 지나치게 낮아서도 안 되며, 그렇다고 과도하게 높게 설정되어서도 안 된다. 이자율의 최고 한도가 지나치게 낮은 경우, 이는 채권 채무 관계의 형성이 불가피한 자본주의사회의 특성상 금융거래에 대한 직접적인 교란 요인이 될 것이다. 반대로 월 5%(연 60%)를 이자의 최고 한도로 정했던 중국의 당唐이나 2002년 〈대부업법〉 제정 이후의 한국 사회처럼 이자율의 최고 한도(연 66%, 연 49%, 연 44%, 연 30% 등)를 과도하게 높게 설정하는 경우 이는 고리대금을 합법적으로 조장·방치하는 결과를 초래한다.
이와 같은 이유로 시장 평균 이자율은 이자율의 최고 한도 결정에서 가장 기본적인 기준의 하나가 된다. 왜냐하면 시장 평균 이자율은 재산과 신용이 풍부한 시장 참여자들의 자유로운 경쟁과 선택에 의해 형성된 이자율로 자본주의사회의 정상적인 금융거래를 반영하기 때문이며, 따라서 이자율의 최고 한도가 시장 평균 이자율보다 높은 경우 그것은 금융시장을 교란시킴 없이 오직 고리대의 충동을 억제하는 강력한 기준으로만 기능할 수 있기 때문이다"(송태경, 『대출 천국의 비밀』, 개마고원, 2011, 183쪽).

최고 이자율 제도의 실효성 있는 작동을 보장하는 지혜로운 방책의 하나다.

또한 경기순환이나 경기변동 과정에서 화폐공황 또는 신용공황 국면에서 화폐자본에 대한 수요 급증 현상에 따른 시장 이자율 상승은 적극적인 금융시장 안정화 정책들을 통해 조정되어야 한다.

2. 채권-채무 관계에서 우월적 독점의 행사는 추심을 포함하는 대출 거래의 모든 영역에서 발생할 수 있으므로 불합리하게 존재하고 있는 관계들(관계들의 반영 형태인 법규들)은 가급적 모두를 찾아 뜯어고쳐야 한다. 예를 들어 현재 한국의 공정증서 제도는 채권자의 우월적 지위를 언제든 남용할 수 있는 대표적인 사례다. 참고로, 이 글을 수정하고 있는 2024년 현재까지도 '채권자 맘대로 공증'이 남발되고 있다. 여기서 '채권자 맘대로 공증'이란 심지어 빌려준 돈조차 없이 채권액을 수천만 원이나 수억 원이라 기재한 공정증서(그것도 확정판결의 효력이 있는 공증) 등을 말한다.

3. 금융자본의 영역은 그 거래 특성상 자금을 조달하고 대출하고 회수하는 과정에서 수많은 문제가 발생할 수 있는 매우 민감한 영역으로, 이 때문에 거의 모든 나라들은 예외 없이 금융거래업의 영역에서만큼은 완강하게 인허가 제도를 발전시켜 왔다. 따라서 금융자본 관계가 소멸할 때까지 인허가 제도는 보

다 엄격하게 운영될 필요가 있다.

4. 생산, 분배, 소비에 직접적으로 연동된 금융자본의 흐름에서 발생하는 이자 및 수수료 수입 등에 대한 자본주의적 기준에서의 공정성(자본의 평등) 확보와는 별개로, 생산, 분배, 소비를 위한 자금 흐름과는 거의 독립적이고 간접적인 관련성만 가진 금융자본의 자금 흐름*은 합리적 규제를 통해 최소화하는 동시에 누진적 조세 체계를 강화하는 방식으로 경제적 유인 동기를 적극적으로 감소시켜야 한다. 다시 말해 자유로운 공동체로의 이행의 전 단계까지는 이윤율이 낮더라도 자금이 생산적으로 흐르는 것이 유리하고 비생산적·투기적으로 흐르는 것이 불리하도록 조세·재정·규제 정책들이 합리적으로 작동해야 한다.

5. 자본 관계가 적극적으로 소멸의 길을 밟더라도 상품과 화폐 관계의 장인 시장은 계속해서 존속하므로 자유로운 공동체의 첫 단계까지 중앙은행의 존재는 필연이다. 따라서 이전까지 중앙은행과 금융정책은 민주적으로 통제되어야 한다. 특히 중앙은행은 사회적으로 필요한 적정 통화만을 공급하는 물가 중심의 적정 통화 공급 정책을 목표로 해야 하며, 중앙은행의 통

---

* 이에 대한 대표적인 예가 주식 거래 차익 등을 목적으로 하는 사모펀드다.

화조절 정책과 중앙은행의 금리정책을 분리하여 중앙은행의 금리정책은 저금리 정책이 유지되도록 해야 한다.*

6. 미시적인 제도 개선 문제가 다양한 형태로 존재한다. 특

* 이와 관련된 최근의 내 글로는 「한국은행 통화정책 정상화를 위한 보고서: 물가상승의 또 하나의 비밀, 원화 가치 폭락과 그 대안에 대해」(2024년 7월)가 있다. 내 블로그 공지 사항으로 올라 있다. 참고로, 사회적으로 필요한 적정 통화만을 공급하는 물가 중심의 적정 통화 공급 정책 등은 마르크스의 유통화폐량 법칙 등(『자본론』 제1권 제1편 제3장 「화폐 또는 상품유통」)으로부터 내가 도달한 결론이다. 또한 일반 경제학은 중앙은행의 금리정책을 자본주의경제의 순환과 변동을 조절하는 수단으로 이해하지만, 이는 환상이다. 자본주의경제의 순환과 변동은 자본의 운동 그 자체 및 이에 상호작용하는 변수들(중앙은행의 금리도 변수 중 하나이고, 국가의 경제 개입이나 법 제도 등 경제 외적 변수를 포함한다)에 의해 주어지는 것으로, 중앙은행의 금리정책 정도로 조절할 수 있는 성질의 것이 아니다. 자유로운 공동체로의 이행을 촉진하는 방향으로 경제적 관계들과 경제 외적 관계들을 변화시켜 갈 때만, 적대적 모순에 따른 진폭을 적극적으로 완충할 수 있을 뿐이다. 참고로, 통화정책과 금리정책의 분리, 중앙은행의 민주적 통제 등은 통화주의적 견해에 반대하는 새로운 사유다. 그러나 우리 주변에는 여전히 통화주의적 견해에 반대한다는 명분으로 과거로 회귀해 통화 증발을 마치 경제적 기적 요법처럼 사유하는 경우가 있다. (이런 사유가) "공공 및 사적 채권자에 대한 졸렬한 재정 조작이 아닌 경제적 기적 요법을 목적으로 하는 것에 대해서는" 윌리엄 페티의 명언이 반드시 기억되어야 한다. "만약 한 나라의 부를 하나의 포고에 의해 10배로 만들 수 있다면, 우리나라의 위정자들이 훨씬 이전에 그와 같은 포고를 하지 않았다는 것은 기묘한 일일 것이다"(카를 마르크스, 「화폐 또는 상품유통」, 『자본론』 제1권 제3장, 각주 13, 김수행 옮김, 비봉출판사, 2015에서 재인용).

히 자본과 임금노동 관계 및 금융자본 관계가 존재하는 한, 사업상의 불운이나 생활상의 불운에 기인하는 과중 채무자의 발생은 필연이며, 이는 사회보장 체계와는 별도로 악성 채무를 조정하거나 정리·면책하는 개인 회생 제도나 개인 파산 면책 제도 등의 적극적 운영을 필요로 한다. 또한 경기순환 및 경기변동에 따르는 기업의 악성 채무 문제를 정리하는 방식도 노동 친화적으로 섬세하게 변경되어야 한다.

넷째, 자유로운 공동체로의 이행을 촉진하는 가장 강력한 지렛대인 노동의 정치는 국가기구를 전제로 한다. 따라서 이행기에 적합한 조세·재정 정책은 무엇인가. 그리고 이행기에 적합한 사회보장 정책 등은 무엇인가.

지금의 문제에 대해서 나는 관련된 전체로 연구하지 못했다. 다만, 다음과 같은 일반적인 결론에는 도달했다.

첫째, 노동 소득세와 이 외의 자산 소득세 등을 분리하여 과세해야 하고, 자산 소득세 등에 대한 누진적 과세 체계(조세 민주주의)는 최대한 강화해야 한다. 특히 생산, 분배, 소비에 직접적으로 필요한 자금 흐름으로부터 발생하는 수익에 대해서는 산업 정책 등의 측면에서 관대할 수 있으나, 기타의 수익 등에 대해서는 누진적 조세 체계를 최대한 강화해야 한다.

둘째, '자연적 재해에 대비하기 위한 기금, 늙어서 어려서 병들어서 기타 다양한 사유로 노동하지 못하는 사람들을 위한 기금, 학교나 보건 시설이나 육아나 보육 등등과 같이 수요를 공동으로 충족하는 데 필요한 기금'의 확보는 '반드시' 첫째의 결론에 적합한 합리적인 조세 체계와 자유로운 공동체로의 이행 촉진이라는 두 가지 방책이 병행되어야 한다.

특히 자유로운 공동체로의 이행 촉진이 배제되는 경우, 자본주의적 생산양식의 적대적 모순들과 분배 모순으로부터 파생되는 기금 증가 요인을 해소할 수 없다. 또한 이 경우 아무리 훌륭한 사회보장 체계를 갖춰 간다고 하더라도 과중한 조세 체계는 불가피하며, 더구나 사회보장 기금의 상당 부분을 자본가계급은 노동자계급에게 전가하는 방법을 알고 있으므로 강력한 반동을 초래할 수 있다.

참고로, '돈이 덜 드는 정부'와 '가장 진전된 형태의 민주적 정부'는 1871년 최초의 노동계급의 정부였던 파리코뮌이 실천적으로 입증했듯이 노동의 정치 자체에 내재해 있다. 따라서 경제민주주의의 한 표현인 재정 민주주의나 '판매자와 구매자와의 관계'에서의 민주주의(소비자 민주주의나 공정거래), 국가기구의 민주적 통제(예를 들어, 공정거래위원회에 노동자 대표와 소자본 대표 참여 등을 통한 민주적 통제)는 노동의 정치의 건강한 성장과 병행하여 연구되고 실천되어야 할 과제다.

또한 이행을 촉진할 수 있는 수단들과 방책들은 언제든 바람직한 성장-분배론으로 전화될 수 있다.

다음과 같은 사정도 밝혀 둔다.

구체적 유용 노동이 진행되는 노동과정(따라서 생산과정)을 순수하게 고찰하면, 이는 "자연과 인간 사이의 물질대사" 과정으로 "인간 생활 자체를 매개하는 영원한 자연적 필연성이다."*

따라서 이와 관련된 이행의 촉진을 위한 수단과 방책의 목표는 지구 자연과의 유기적 공존으로, 그 최선은 자유로운 공동체로의 이행을 촉진하여 사회적 생산과 성장이 자연과 인간이 유기적으로 공존하는 과정(지구 자연에 최대한 해를 입히지 않고 진행되는 과정)으로 변화되도록 하는 동시에 자본과 국가에 의한 난폭한 성장이 근본적으로 배제되도록 하는 것이다. 또한 그 과정 중에 자본에 의한 난폭한 성장을 합리적으로 규제하는 동시에 산업을 생태 친화적으로 변화시켜 가야 한다.

그러나 나는 국가의 조세나 재정 정책 등과 마찬가지로 이에 대해서도 관련된 전체로 연구하지 못했다.

덧붙여 나는 생산적 노동과 교육과의 결합 문제, 국가기구에 통합되어 있는 공동체의 기능들의 형태 변화의 문제 등『자본론』의 통찰에 기대어 풀어 가야 할 다른 문제들에 대해서도 관련된 전체로 연구하지 못했다. 자유로운 공동체로의 이행과

---

* 카를 마르크스,『자본론』제1권, 김수행 옮김, 비봉출판사, 2015, 53쪽.

직접적으로 관련된 중요한 문제들 모두가 다 그 분야에 대한 전문 연구를 필요로 하는 것으로, 사회적 개인 하나가 할 수 있는 범위를 크게 넘어서기 때문이다.

다른 한편 자유로운 공동체로의 이행을 촉진하기 위한 수단과 방책들은 모두 노동에 대해 불평등하거나 심지어 적대적인 자본주의적 관계들의 근본적인 변화를 촉진하는 것이고, 동시에 이에 연동된 자본주의적 분배 관계의 변화를 동반한다. 예를 들어 임대차 보호 제도가 합리적으로 강화되는 것만큼 토지 자본 관계가 변화될 뿐만 아니라, 토지 자본가 계급의 우월적 독점을 이용한 수입의 기회는 감소하고 상대적으로 세입자의 위치에 있는 계급들의 수입은 그만큼 증가한다.

그리고 이는 정치경제학적 접근에서 정의되는 경제민주주의, 즉 경제적 생활 과정에서의 시장 참여자들에 대한 차별의 시정과 평등의 도모 및 평등의 실현을 의미하는 경제민주주의 정책과 거의 같은 말이 된다.

그러므로 현실 운동에서 자유로운 공동체로의 이행의 촉진은 정치경제학적 측면에서 재정립된 경제민주주의 사상을 기반으로도 강력히 촉진될 수 있다는 것이 나의 또 다른 결론이다. 그리고 이것이 내가 경제민주화 운동을 대안적 정치 운동의 하나로 주목한 이유이기도 한다.

240

22
『자본론』의 현재적 유의미성을
실천적으로 입증한 경제민주화 운동

상가 임대차 보호 운동, 주택 임대차 보호 운동, 〈이자제한
법〉 부활 운동, 가계 부채 SOS 신용 회복 119 운동, 부도 임대
아파트 세입자 권리 찾기 운동, 소유 경영 참가 운동, 노동자 기
업 인수 지원 활동.

'일하는 사람들의 희망', 즉 노동의 정치를 표방했던 민주노
동당 시절인 2000~07년 기간 왕성하게 전개되었던 경제민주화
운동의 분야별 이름들이다.

그리고 이 운동들은 모두 '주어진 한국 자본주의 조건에서
노동의 정치의 건강한 성장을 도모하는 동시에 자유로운 공동
체(자유인들의 연합)로의 이행을 어떻게 촉진할 것인가'에 대한 내
고민의 산물이다. 또한『자본론』의 통찰에 기댈 수 있었기 때
문에 이 운동들 모두를 어렵지 않게 정책으로 기획할 수 있었고,
대부분의 정책 대안도 직접 만들 수 있었으며, 특히 소유 경영 참

가 운동과 노동자 기업 인수 지원 활동은 내가 직접 주도할 수도 있었다.

경제민주화 운동의 리더는 이선근 선배였고, 활동 동료는 임동현과 채진원 그리고 가계 부채 상담 활동가로 조인숙, 김진희 등이 있었다.

참고로, 임동현은 '민주노동당의 아이디어 뱅크'로 통했던 사람으로 마치 아이디어의 샘물을 가진 것처럼 운동의 핵심 실무들을 기획하고 소화해 낸 핵심 활동가였다. 또한 채진원은 1999~2002년 기간 임동현과 함께 상가 임대차 보호 운동의 실무를 담당했던 동료로, 내가 보기에 조건만 된다면 자신의 능력 그 이상을 발휘하는 묘한 능력을 갖춘 사람이었다. 경제민주화 운동본부를 떠난 이후 민주노동당 의정지원단 의정정책국장 등을 거쳤으며, 박사과정을 밟아 현재 경희대학교 후마니타스 칼리지 교수로 재직 중이다.

또한 외부 전문가로 도움을 준 이들 중 이영기 변호사님은 특히 부도 임대 아파트 세입자 권리 찾기 운동에서 정책 대안(세입자 우선 매수제)을 찾을 수 있게 해 준 일등 공신이다.

어쨌든 민주노동당은 경제민주화 운동을 통해 다수 대중의 광범위한 지지와 신뢰 및 참여를 끌어낼 수 있었고, 운동의 성과를 통해 '미약하지만' 사회적 관계와 이에 연동된 분배 관계를 바람직한 방향으로 변화시킬 수 있었고, 많은 이들에게 희망을 줄 수 있었다.

'서민들을 위하는 정당은 민주노동당뿐'이라는 얘기도 이로 부터 나왔고, '민주노동당만이 유일한 정책 정당'이라는 방송 언론의 호평도 이로부터 나왔다.

당시 새천년민주당(현 더불어민주당)과 한나라당(현 국민의힘)이 완전히 지배하는 정치 질서에서 국회의원 하나 없는 정당이었지만, 정당 지지율은 지속적으로 상승했다.

특히 상가 임대차 보호 운동이 절정에 달했던 2001년 12월 말에는 정당 지지율이 6, 7%까지 상승했고, 2002년 6월 13일 치러진 제3회 전국 동시 지방선거에서는 '민주당 참패, 한나라당 압승 이외에 민주노동당의 약진이라는 뜻밖의 결과'로도 이어졌다. 정당 지지율 134만 표, 8.13%로 비례대표 지방의회 의원을 배출하는 동시에 정당 지지율 측면에서 제3당으로 발돋움하게 된 것이다.*

---

* 우리 사회의 비례대표제 도입에서 잊지 않아야 할 인물이 박갑주 변호사다. 늘 사회적으로 자신을 낮추어서 사회적으로는 평가받은 적 없는 인물, 그렇지만 내가 늘 존경이라는 수식어를 붙이는 이덕우 변호사와 비교해서도 손색이 없고 한국에서는 정당 명부 비례 의원을 실제화시킨 인물, 여전히 노동자·서민을 위한 진보정당 운동의 거름처럼 있는 힘껏 자신의 역량을 다하는 인물. 그 사람이 바로 박갑주다. 아마도 내 오랜 벗 이재영을 제외하면 그이에 대한 사회적 의미를 온전히 평가해 줄 수 있는 이가 없을 것이기에 여기 각주로 메모 하나 남겨 둔다.

존경하는 이근원 선배가 주도했던 최초의 대안적 정치 운동인 '실업 대책 운동'이 그랬던 것처럼, 내가 자본에 대항하는 대안적 정치 운동으로 분별 정립했던 경제민주화 운동, 그리고 여기에 덧붙여 진행된 두 개의 대안적 정치 운동(학교급식 조례 제정 운동, 카드 가맹점 수수료 인하 운동)은 당 성장의 가장 강력한 동력이었던 것이다.

참고로, 학교급식 조례 제정 운동, 카드 가맹점 수수료 인하 운동의 정책 기획자는 정책 동료였던 박창규가 했으며, 경제민주화 운동의 연장선상에 있던 2006년의 카드 가맹점 수수료 인하 운동의 리더는 노회찬 의원이었다.

다시 말해 국회의원 하나도 없던 정당이 그것도 진보정당에 대한 우리 사회의 온갖 편견을 뚫고 창당 4년 만에 정당 지지율 13.1%를 획득해 지역구 국회의원 2석과 비례대표 국회의원 8명을 배출할 수 있었던 '핵심적 비결의 하나'가 바로 민주노동당을 통해 왕성하게 전개되었던 경제민주화 운동이었고, 그 운동의 배후에는 『자본론』의 통찰이 있었으며, 『자본론』의 현재적 유의미성을 실천적으로 입증하기 위한 나의 노력이 있었다.

이런 나에 대해 『이코노미스트』는 다음처럼 기록하고 있다.

지난 2000년 16대 총선 때 민노당이 들고 나온 무기는 '상가 임대차 보호법 제정 운동'이었다. 이 문제를 이슈화하면서 민노당은 '정책 정당'이라는 깊은 인상을 남겼다. 건물에 세든 수많은 자영업자들에게 피부에 와닿는 정책이었기 때문이다. 좌파 이미지가 짙었던 민노당의 이미지가 '정책 정당'으로 바뀌는 데 결정적으로 기여한 이가 바로 송태경(40) 정책2국장이다. 그는 이 아이디어를 냈을 뿐 아니라, 실행에 난색을 표한 당 지도부를 설득해 정책을 만들었다.

　　……

제주대에서 어업학·경영학을 전공한 송 국장은 중고교 시절부터 하이데거·에리히 프롬 등의 책을 즐겨 읽으며 철학에 심취했다. 정치·경제 분야 고전을 읽으며 자연스럽게 마르크스의 『자본론』을 만났다.

　　……

그래서 그는 『자본론』 전문 강사의 꿈을 안고 1992년 6월 상경했다.

1990년대 들어서면서 마르크스의 이론은 '쓰레기통에 들어가는' 분위기였다. 그러나 그는 '『자본론』이 잘못된 것이 아니라 사람들이 잘못 이해한 것'이라고 생각했다. 서울로 올라온 그는 1992년 말부터 한국불교사회연구소에서 『자본론』 강의를 시작했다. 첫 수강생이 12명이었다. 시작은 미약했지만 반응이 좋았다. 『자본론』에 대한 그의 신선한 해석은 차츰 입소문이 났고, '『자본론』 명강사 송태경'을 만든 뿌리가 됐다. 지난 2002년까지 그는 강의 1회당 40만 원 이상 받는 '잘나가는' 강사였다. 그런 그가 민노당과 인연을 맺은 것은 그의 '참모론' 때문이다. "역사를 움직이는 것은 조조와 유비 같은 영웅이 아니라 민심입니다. 저는 민심과 현실을 제대로 읽고 리더에게 영향을 미치는 참모 역할이 제가 갈 길이라고 봐요."

……

국민승리21은 2000년 1월 민노당으로 다시 태어났다. 민노당은 일자리 나누기·노숙 문제·청년 실업·〈고용보험법〉 개정 등을 이슈화하고 해법을 제시하며 차츰 정책 정당으로 변신했다. 이런 정책들이 송 국장의 손을 거친 것은 물론이다.[*]

비록 나는 마르크스만큼 뛰어난 두뇌가 아니었으므로, 낡은 이념에 사로잡혀 민주노동당을 끊임없이 분란에 빠뜨리고 결국 어렵게 성장시킨 당을 공중분해시키는 데 결정적 기여를 했던 두 정파(이석기로 상징되는 자주파 일부 그룹과 여기에 극단적으로 대립하거나 적대적으로 공조했던 평등파의 일부 그룹)에 대해 어찌할 방도를 찾지 못했다. 그리고 이것이 결과적으로는 나로 하여금 2008년 이후 노동의 정치 활동을 유보시켰고, 자유로운 공동

* 「민심 제대로 읽는 참모 될 것」, 『이코노미스트』(736호, 2004/05/03) 중에서.

체(자유인들의 연합)로의 이행을 촉진하기 위한 대안적 정치 운동도 더 이상 기획하지 않게 했다.

한마디로 나의 명백한 한계가 『자본론』의 현재적 유의미성을 더 적극적·가시적으로 입증하는 길을 차단한 것이다. 그러므로 나는 가끔 한탄하고 푸념한다. '마르크스만큼 똑똑하지도 용감하지도 못하니 나로서는 그럴 수밖에 없다'거나 또는 '나처럼 연구한 연구자가 내가 아니라 나보다 더 출중한 재능과 열정 등을 가진 사람이었다면 좋았을걸' 하는 것이 바로 그 한탄이고 푸념이다.

그리고 동시에 기대한다. 비록 내가 남들에 비해 유별난 구석이 없지는 않으나 대체로 평범한 두뇌의 소유자이긴 하지만, 분석의 원리에 따라 『자본론』을 상호 관련된 전체로 이해하고 응용하기 위해 앞으로도 끊임없이 노력한다면 마르크스의 반의 반 정도는 따라갈 수 있을지 않을까 하는 기대감이 바로 그것이다.

23
경제민주화 운동을 위한 메모

흔히 미사여구나 자본의 편의 등을 위해 사용되는 경제민주화가 아니라, '노동의 정치에 기초한 경제민주화 운동'을 정치의 전면으로 끌어올리기 위해서는 일정한 자기 정리가 필요했고, 나는 이를 다음과 같이 정리할 수 있었으며, 덕분에 자본주의적 평등의 문제로부터 자유로울 수 있었다.*

자본주의적 관계들은 본질적으로 불평등하다. 자본의 운동 자체가 본질적으로 준 것보다 더 많이 받는 운동, 따라서 평등한 운동이 아니라 본질적으로 불평등한 운동을 기초로 하기 때문

* 언제 메모였는지는 분명하지 않다. A4 용지 메모가 2000년 1월 상가 임대차 보호법 초안 자료에 꼽혀 있는 것으로 볼 때 그 이전에 작성했던 것으로 추정된다.

이다. 또한 관계의 불평등은 부의 불평등과 동전의 양면을 이룬다.

다른 한편 자본주의사회의 불평등을 고찰할 때 우리는 두 가지 상이한 유형의 독점을 구분해야 한다.

첫째로, 우리가 우선 주목해야 할 것은 자본주의적 관계로 들어오는 다른 시장 참여자들에 대한 자본주의적 독점 문제다.

자본과 임금노동의 관계에서는 자본이 노동과 노동과정을 지배하는 동시에 노동의 성과에 대한 분배 결정권을 갖는다. 심지어 단체협약 등의 방식으로 공동 결정을 하더라도, 그 공동 결정은 자본 주도로 이루어지며, 자본은 여전히 노동과정 등에 대해 절반 이상의 권리를 그것도 주도적으로 행사한다.

토지 소유 독점을 기초로 하는 토지 자본 관계에서도 자본은 '일반적으로' 세입자에 대해 우월적 독점의 지위를 차지하며, 채권-채무 관계를 중심축으로 하는 금융자본 관계에서도 자본은 '일반적으로' 채무자에 대해 우월적 독점의 지위를 차지하며, 판매와 구매의 영역에서는 자본 일반이 소비자에 대해 우월적 지위를 차지할 수 있고, 때로는 자신의 독점적 지위를 악용한다.

둘째로, 독점의 문제는 자본들 사이의 경쟁 등에서도 발생한다.

'일반적으로' 대자본이 소자본에 대해 독점적 지위를 차지하며(특히 주주 자본주의로의 이행과 함께 출현한 대기업 집단은 더 강력한 독점적 지위를 차지하며), 기술적 독점이나 자연적 독점 또는 인위적 독점(이는 정치권력이나 폭력 등을 매개로 할 수도 있다)의 지위를 차지한 자본이 그렇지 않은 자본에 대해, 대주주가 소액주주들에 대해 우월적 지위를 차지하며, 종종 그 우월적 지위는 악용된다.

자본주의적 평등의 문제가 바로 이 지점에서 발생하며, 자본 측의 경제민주화 논의는 주로 이 지점에 집중되어 있다. 그러나 이 지점에서 특히 주의해야 할 것은 자본주의적 평등은 자본주의적 관계들을 전제하는 것이며, 따라서 이 지점에서 차별의 시정과 평등의 도모 및 자유와 평등의 실현은 자본의 민주주의가 최선으로 자본주의적 관계들의 근본적 변화로는 이어지지 않는다는 사실이다.

끝으로 이와 같은 불평등한 관계들은 자본주의적 관계들을 기초로 하는 국가 공동체에도 반영된다. 국가에 의해 강제되는 법령, 공동체 유지를 위한 세금과 사회보장 등을 위한 기금, 그리고 재정의 집행은 본질적으로 불평등한 자본 관계에 기초한 것이므로 아무리 어느 쪽으로도 치우치지 않는 '공평'이나 '형평'을 추구하더라도 그 한계가 명확하다.

그러므로 자유로운 공동체로의 이행의 관점에서 보면, 노동의 정치에 의한 경제민주화는 현존하는 경제적 관계들에 존재하는 차별의 시정 또는 자유와 평등의 도모로부터 출발해야

251

하지만, 궁극적으로는 불평등의 근원인 자본주의적 관계들을 근본적으로 변화시켜 자유로운 생산자들의 관계로 재구성하는 것을 목표로 해야 한다. 또한 자본 측의 문제인 자본주의적 평등 또는 자본의 민주주의에 몰입하지 않아야 한다. 다만, 노동의 정치의 필요와 주어진 상황에 따라 연대할 수는 있고, 때로는 주도적으로 풀어 갈 필요는 있다.

자본주의적 관계들의 근본적 변화(따라서 경제민주주의의 실현), 바로 이것이 경제민주화 운동의 핵심이다.

24
경제민주화 운동의 리더 이선근에 대해

정치적으로 민생과 경제민주화 운동을 나와 오랫동안 공유해 온 이선근 선배와의 만남은 자유로운 공동체로의 이행을 촉진하기 위한 수단과 방책 등에 대한 고민을 집중적으로 하기 시작했던 1993년이었다.

경남 창녕 출생(1954년생). 경남중학교, 경남고등학교를 거쳐 서울대 경제학과 입학(1974년)까지 그의 이력은 그리 특별난게 없다. 또래들과 비교해서 학교 공부를 조금 잘하는 정도밖에.

그러나 대학 입학 후부터 이선근 선배의 삶의 이력은 크게 달라진다. 서울대 경제학과 입학과 동시에 시작한 그의 반독재 민주화 투쟁 동참은 이른바 '1976년 김지하 양심선언문 사건으로 구속(긴급조치 9호 위반 구속)'되거나 1980, 81년 당시 이른바 '무림 사건'과 함께 학생운동의 양대 사건 중 하나였다고 얘기되는 '학림 사건'(전국민주학생연맹 사건)으로 무기징역을 구형받고

3년간 감옥 생활을 하는 고초로도 이어졌다.*

1980년대 사회운동사에서 최초의 노동자 신문인 『주간 노

---

* 무림 사건霧林事件과 학림 사건學林事件. 대학 입학 후 잠시 들락거렸던 동아리 선배로부터 처음 이 단어들을 접했을 때, 나는 무슨 무협지 얘기인 줄 알았다. 절대 신공을 팡팡 구사하는 절대 고수들이 즐비한 가공의 그 무협 세계 얘기. 그도 그럴 것이 연극을 좋아했던 그 선배는 "전두환 군부독재 정권에 맞서기 위해 선배 학우들이 무림, 학림을 구성하여 절대 신공을 구사했던 시절이 바로 엊그제"라며 바로 직전의 학생운동을 무협지에 비유했고, 나는 그 선배의 얘기를 흘려들었기 때문이다.

나중에야 알았다. 1970년대 후반에서 1980년대 초반 서울대를 중심으로 하는 학생운동에 대해 경찰이 붙여 준 이름이라는 걸. 그리고 거기에는 정치 독재에 반대해서 민주화를 요구하는 학생들을 상대로 '불법 감금과 고문, 사형 판결'이라는 끔찍한 대가를 치르게 했던 아픈 역사가 있었음을.

어쨌든 무림 사건이란 전두환을 주축으로 하는 1979년 12.12 군사 반란이 있기 하루 전 서울대 학생들이 '전두환 타도'를 외치며 시위를 벌였고, 이를 빌미로 치안본부, 안기부, 국군 보안사가 합동 수사를 시작해 서울대 73학번부터 79학번까지 100여 명을 보안사 분실, 서울시경 남산 대공분실, 치안본부 남영동 대공분실로 잡아들여 고문하고 대규모 반국가 단체 조직 사건으로 조작하려 했으나 실패했던 사건으로, 당시 수사 당국은 사건 전체가 안개霧로 휩싸인 숲林 같아 종잡을 수 없다는 의미로 이를 무림霧林 사건이라 명명했다.

학림 사건이란 1981년 이태복 씨가 주도했던 전국민주노동자연맹을 수사하던 공안 당국이 학생 쪽에도 조직이 있다며 전국민주학생연맹(전민학련) 소속 학생들까지 치안본부 남영동 대공분실로 잡아들여 불법 감금하고 전기고문 등을 했던 사건으로, '숲林처럼 무성한 학생學生운동 조직까지 일망타진했다는 의미로 경찰이 붙인 이름이다.

동자신문』 재정위원장(1987, 88년)으로 이제 막 새롭게 태동하기 시작한 한국 노동운동의 성장을 위해 자신이 할 수 있는 최선을 다하려고도 했다. 또 이 과정에서 전국민주노동자투쟁동맹 사건으로 수배(1989년~)되기도 했다.

설상가상 이선근 선배 그이의 삶에서 가장 어려웠던 시기도 이때 발생한다. 간암 중기 판정이 그것이다. 생사를 걸어야 했던 상황, 그이의 아내가 내과 의사였던 덕에 그나마 돌이킬 수 없는 상황까지 가지 않은 상태에서 간암이 발견됐고, 이선근 선배는 운 좋게도 살아날 수 있었다.

내가 이선근 선배를 만난 것은 바로 이 시절의 끝 무렵이다. 자신을 세상으로부터 격리할 뻔했던 간암을 어느 정도 털어 내고 사회운동을 새롭게 시작하기 위해 노력하던 시절의 끝 무렵에 해당하는 1993년.

과거 학생운동과 노동운동의 유능한 활동가이자 경제 이론가로 이미 인정받고 있었던 중년의 이선근 선배는 내 '『자본론』 강의'의 성실한 수강자로 나타났다.

처음에는 나도 많이 놀랐다.

이선근 선배가 '학림 사건' 등과 관련된 인물이었기 때문이 아니다. 오히려 나처럼 정치경제학을 공부하는 사람들에게 이선근 선배는 초기 학생운동에 이론적 자양분을 제공했던 사회과학 전문 출판사의 편집장이자 '본의 아니게' 모리스 돕Maurice

Dobb의 『자본주의 발전연구』(광민사, 1980) 역자로도 알려져 있는 인물이었기 때문이다.

한마디로, 그동안 이선근 선배가 쌓아 왔던 이론적·실천적 자양분들의 긍정적이고 발전적인 측면을 거꾸로 내가 열심히 배워도 전혀 이상하지 않을 터인데, 이선근 선배는 오히려 내 '『자본론』 강의'를 성실히 수강하고 배우며 토론하고 공부하는 학생의 면모로 내 앞에 나타났다. 까마득한 후배에게조차 새로운 것을 열심히 배우고 익히고자 하는 훌륭하고 성실한 학생의 면모로.

더구나 『자본론』 강의 종료 후 이선근 선배가 나를 놀라게 했던 것은 내 사유 체계의 전부는 아니나 상당 부분에 대해 전폭적으로 공감했다는 것이다.* 그이는 이미 나와는 다른 경로

---

* 나와 이선근 선배는 사유의 공감대가 넓기는 하나, 특히 두 가지 지점에서 분명한 의견 차이가 있다. 첫째는 노동조합 활동가들에 대한 의견 차이다. 이는 경영 민주화 운동을 추진하기 위해 2001년 6월 '노동 이사제', '노동 감사제', '종업원 평의회'(노동자 평의회)를 핵심 내용으로 하는 종업원 경영 참여 법안을 내가 만들고 사전 의견 수렴 과정에서 금속연맹(현 금속노조)의 어처구니없는 반대로 무산된 경험 이후 누적된 결과로, '노동조합 활동가들은 노동자계급의 경험적 자기부정 과정을 지휘할 수밖에 없고, 따라서 토지 자본 영역이나 금융자본의 채권 채무 관계 영역 등 이중 착취 영역에 주의를 기울이지 않을 수도 있고, 더구나 일부 활동가들의 경우 과거의 낡은 이념에 완강히 사로잡혀 있다는 사정을 우선 긍정하고 문제 해결의 지혜로운 해법을 찾아야 한다'는

로 사회주의로 자신을 포장했던 국가주의 사회(소비에트 유형의 사회)와 이에 연동된 한국의 노동운동, 사회운동, 정치 운동에 대한 근본적인 문제의식을 가지고 있었고, 내 사유 체계를 통해 해답을 구하고 있었으며, 분명한 실천 의지를 보여 줬다.

그리고 그렇게 나는 자유로운 공동체로의 이행을 촉진하기 위한 운동, 즉 대안적 정치 운동을 위한 동료를 만났다. 내가 연구하고 이해한 육도삼략과 손자병법의 지혜에 따르면, 자본가계급과 노동자계급의 내전에서 대안적 정치 운동을 전개할 리더는 마땅히 '지혜, 신뢰감, 인간애, 용기, 엄격함을 두루 갖춘 지략이 뛰어난 장수'여야 했는데, 이선근 선배는 이런 나의 기대에 어긋나지 않았다. 경제민주화 운동의 리더로 누구나 인정할 수 있는 굵직굵직한 성과를 끌어냈기 때문이다.

경제민주화 운동을 위한 이선근 선배의 첫 포문은 1994년

나의 입장을 선배가 이해는 해도 좀체 공감하지 않는 부분이다.
둘째는 공화주의에 대한 그이의 신념에 대한 나의 비공감이다.
최근에는 다음처럼 얘기한 바도 있다. "저는 선배의 공화주의에 대해 여전히 동의 못 해요. 계급사회를 전제로 하는 공화주의는 아무리 시민들이 숭고한 이상으로 무장하더라도 변질이 불가피하다고 생각하기 때문이에요. 과거의 낡은 잔재들 때문에 상처받고는 하지만 저는 그냥 노동의 정치를 할래요. 어쨌든 분명한 것은 노동의 정치가 자유로운 공동체로의 이행을 촉진할 때, '돈이 덜 드는 정부'도 '민주 공화정'도 가장 완성된 형태로 실현될 수 있으니까요."

(숭례문 근처) 삼성 본관 앞에서의 깜짝 이벤트 집회였다(5월 1일 노동절 집회 전이므로 1994년 4월경이다). 집회에서 이선근 선배가 전달한 핵심적인 메시지는 내 책『자유인들의 연합체를 위한 선언』의 일부를 인용했던 것으로 대략 다음과 같았다.

기업 구성원들이 기업을 소유 경영하고 생산의 성과를 민주적·자율적으로 분배하는 것이 자연스러운 일입니다. 삼성전자라면 당연히 삼성전자에서 일하는 사람들의 공동소유가 이루어져야 합니다. 주주들이나 지배주주인 이씨 일가가 아니라 삼성전자에서 일하는 사람들의 투표에 의해서 삼성전자의 의사 결정이 이루어져야 합니다. 주주들이나 지배주주인 이씨 일가를 위한 이사와 감사가 아니라 삼성전자에서 일하는 구성원 모두를 위한 이사와 감사로 새판을 짜야만 합니다. 경제민주화를 위한 혁명에 우리가 나서야 할 때입니다.

참고로, 당시 삼성 본관 깜짝 이벤트 집회는 '정보의 삼성'에 들키지 않게 집회 직전에야 방송사와 언론에 알리는 방법으로 진행되었다. 그리고 수십 명에 불과했던 집회 인원보다 훨씬 더 많은 방송사와 신문기자가 몰려들어 장사진을 이루었지만, 단 한 줄 어디에도 보도되지 않았다. 삼성의 놀라운 방송 및 언론 장악력을 그때 체감했다. 또한 당시 집회는 삼성이 마음만 먹으면 〈집시법〉 위반 등으로 충분히 걸고넘어질 수 있는 것이었고, 실제로 삼성 측이 오후 늦게 경제민주모임 사무실로 찾아와 자신들의 입장을 설명까지 했으나, 결국 삼성 측도 자신들의 소유 문제가 공론화되는 것을 우려하여 덮고 넘어갔다.

25
이론적 오류는 바로 우리 자신에게 있었다

나의 『자본론』 공부 과정과 사회적 실천 과정은 '자유인들의 연합'을 둘러싼 수많은 오해나 의문을 풀어 가는 과정이기도 했다. 중요한 것들 몇 가지만 소개하면 다음과 같다.

첫째로, 자유인들의 연합은 마르크스가 구상한 사회인가?

내가 자본이나 국가 등의 지배 질서로부터 완전히 해방된 '자유인들의 연합'에 대해 얘기할 때 교수나 학자로부터 자주 듣는 얘기의 하나는 "마르크스가 구상한" 또는 "송태경이 구상한" 또는 "이에 준하는" 수식어다.

이와 관련된 내 경험에서의 대표적인 사례는 영국 케임브리지 대학교 장하준 교수와 함께 대안연대회의를 이끌었던 정승일 박사의 다음과 같은 얘기다.

민주노동당의 송태경 정책국장이 1990년대 초반부터 심혈을 기울여 만든 게 이른바 종업원 사회주의다.*

　그러나 정승일 박사와 장하준 교수의 이해와 달리 나는 어떤 '모종의 종업원 사회주의'를 '심혈을 기울여 만든' 사실이 없다. 내가 '심혈을 기울여 만든' 것들이 있다면, '주주 자본주의로 이행한 한국 자본주의를 전제로 어떻게 자유로운 공동체로 이행을 촉진할 것인가'에 대한 수단들과 방책들이며, 그 대표적인 것이 종업원 소유 제도 활용과 종업원 기업 인수다.

　사실 자유인들의 연합은 내가 구상한 사회도 아니며, 심지어 마르크스의 독창적 사유의 결과도 아니다. 비록 마르크스는 철학적·지적 통찰을 통해 해방된 세계의 필연성에 접근했던 것은 사실이나, 그조차도 정치경제학에 대한 심도 깊은 연구가 진행되기 전까지는 자유인들의 연합에 대해 뚜렷하게 알지 못했다.

　심지어 마르크스는 "낡은 형태의 내부에서 새로운 형태가 출현하는 최초의 실례"이자 연합된 생산자들의 소유의 맹아인 "노동자 협동조합"**에 대해서조차 1852년까지는 분명히 그 부정적 측면에만 주목해서 "공론적 실험"이라고 평가 절하했던 사

---

　*　정승일·이정환, 「대안연대회의 사람들을 만나다」(2004년 6월) 중에서.

　**　카를 마르크스, 「자본주의적 생산에서의 신용의 역할」, 『자본론』 제3권 제27장, 김수행 옮김, 비봉출판사, 2015, 568쪽 등.

실조차 있다.

다시 말해, 마르크스는 정치경제학을 비판적으로 연구하는 과정에서 자본주의적 생산양식의 태내에서 성숙하는 공동 생산 등 새로운 사회의 요소들을 비로소 발견할 수 있었고, 자본주의적 생산양식의 운동·변화의 결과로 (즉, 소멸의 법칙에 따라) 나타날 수밖에 없는 소유 형태 등을 "연합된 생산자들의 소유", "연합된 노동의 생산양식", "자유인들의 연합" 등이라고 명명한 것이다.

그러므로 인류 최후의 전사前史인 자본주의 또는 계급사회를 역사의 무덤 속에 묻고 새롭게 나타날 인류의 후사後史이자 자유로운 공동체인 '자유인들의 연합'은 마르크스나 내가 구상하거나 창안한 사회가 결코 아니다.

그 최초 발견자가 마르크스인 것이고, 나는 그저 '침묵의 땅', '역사의 공동묘지'에 파묻혔던 마르크스의 이론적 진실을 한국 자본주의에서는 처음으로 끄집어내어 '이해될 수 있는 형태로' 얘기하고 실천하는 자일 뿐이다.

둘째로, 자유로운 공동체로의 이행은 일국적인 수준에서 가능할까?

'일국적인 수준에서 자유로운 공동체로의 이행이 가능할까' 하는 의문은 자유무역협정에 대해 가장 날카로운 통찰을 보여주시며 과도적 대안은 '자유 공정 통상협정'FFTA이어야 하고 최종적인 대안은 '자유무역Free Trade이 아니라 정의 무역Just Trade'임을 주장하시는 존경하는 한신대학교 이해영 교수님으로부터 나왔다.

내가 제시할 수 있는 답은 다음과 같을 수밖에 없다. 자유로운 공동체로의 이행은 노동의 정치에 의해서만 강력히 촉진될 수 있으므로(그렇지 않은 경우, 소극적·점진적·경험적으로만 촉진될 수 있으므로), 그 시작은 일국적일 수밖에 없다.

그러나 자본주의적 기업들의 다국적화 및 자본주의 시장 환경의 해소는 문제 해결을 세계적인 범위로 넓힐 수밖에 없다. 예를 들어, 삼성전자 하나만을 연합된 생산자들의 소유로 전환하고자 하더라도, 수십 개에 달하는 해외 자회사까지 모두 형태 변화시켜야 하며, 또한 연합된 생산자들의 소유로 전환된 삼성전자가 아직 해소되지 않은 자본주의 세계시장 환경에서 안정적인 존립과 성장을 지속하기 위해서는 세계 각국에 흩어져 있는 주요 협력 업체들이 연대와 협동의 원리에 따라 재조직되어야 한다.

그러므로 노동의 정치에 의한 자유로운 공동체로의 이행 촉진은 정치혁명에 기초한 경제 혁명 그리고 이에 연동된 전반적인 사회혁명(의식 혁명이나 문화혁명 모두를 포괄하는 사회혁명)의 과정일 수밖에 없는 것과 꼭 마찬가지로 일국 혁명에 기초한 세계혁명의 과정일 수밖에 없다. 한마디로 자유로운 공동체로의 이행을 위한 혁명은 이중의 혁명인 동시에 다중 혁명이며, 일국 혁명에서 촉발되는 혁명인 동시에 세계혁명이다.

셋째로, 개혁인가 혁명인가?

개혁reform인가 혁명revolution인가는 가장 전통적인 논쟁으로, 나의 『자본론』 공부와 사회적 실천 과정에서도 자주 마주했던 질문이다. 이에 대한 내 기본적인 입장은 두 대립물을 잘못 설정한 것으로, 둘 다 맞기도 하고 둘 다 틀리기도 하다는 것이다.

자유로운 공동체로 이행을 촉진할 수 있는 구체적인 수단과 방책들은 무엇인가를 생각해 보자. ESOP 기업(종업원 소유 기업) 촉진이든 임대차 보호 제도를 최대한 강화하는 것을 전제로 '지대'에 대한 이익 동기를 감소시키는 동시에 실사용을 촉진하는 것이든, 그것이 무엇이든 자유로운 공동체로 이행을 촉진할 수 있는 구체적인 수단과 방책 모두는 주어진 현실을 더 나은 상태로 변화시키는 개혁 조치들이다. 그리고 이런 이행의 촉진(그것이 점진적이든 급진적이든)을 통해서만 완벽한 경제 혁명의 상태인 자유로운 공동체에 도달할 수 있다.

또한 내가 민주노동당 시절에 정책 기획 등을 했던 경제민주화 운동이 웅변적으로 입증하고 있듯이, 이행을 촉진하기 위한 수단들과 방책들을 현실에 유기적으로 적용하는 경우 노동의 정치의 성장 및 집권(즉, 정치혁명)을 촉진하는 강력한 지렛대도 될 수 있다.

이와 같은 이유로 나는 개혁이냐 혁명이냐는 전통적인 물음에 대해 다음과 같이 답했던 것이다.

『열린 사회와 그 적들』의 저자 칼 포퍼Karl Popper나 또는 이와는 다른 극단의 소비에트 유형의 국가주의자들처럼 개혁과 혁명을 대립시켜 어느 한쪽을 버려야 할 것처럼 사고했던 정치 전략은 분명히 잘못된 것입니다.

또한 단순히 '개혁의 합이 혁명'이라고 사고했던 사회민주주의자들의 정치 전략도 그릇된 것입니다.

왜냐하면 계급사회의 질곡을 발생시키는 사회적 관계의 바람직한 변화의 전망(즉, '진정한' 혁명의 전망) 없이 주어진 현실의 문제를 바람직한 방향으로 개선·개혁해 가는 것도 어려울 뿐만 아니라, 주어진 문제를 바람직한 방향으로 개선·개혁해 가는 노력 없이 사회적 관계의 근본적 변화를 촉진할 수도 없는 노릇이기 때문입니다. 또한 사회민주주의자들의 사고와는 달리 개혁이라 일컬어지는 것들이 반드시 바람직한 사회적 관계의 변화로 이어지는 것은 아니기 때문입니다. 즉, 개혁의 합은 진정한 혁명은커녕 사회·역사 퇴행의 결과로 이어질 수도 있습니다.

그러므로 우리 민주노동당의 정치 전략은 개혁과 혁명 중 어느 한쪽을 버려야 할 것으로 사고하거나 단순히 '개혁의 합은 혁명'이라고 사고하는 방식은 지양해야 합니다.

오히려 우리는 진정한 혁명의 전망을 가져야 하며, 바로 이 혁명을 위해 필요한 현실적 개선·개혁안들을 찾아 실천해 가야 합니다. 특히 진정한 혁명의 핵심적 전제조건(즉, 정치권력의 획득, 정치혁명)을 위해서는 사회 구성원들의 정치적 지지와 신뢰 그리고 참여를 끌어낼 수 있는 개선·개혁안을 주어진 현실적 조건에서 진정한 혁명의 전망에 맞춰 생산해 내야 할 뿐만 아니라, 바로 그 개선·개혁안을 매개로 사회 구성원들과의 다양한 접촉 경로를 찾아내야 합니다.*

참고로 자유로운 공동체와 이행을 사고하면, 수정주의자 베른슈타인Eduard Bernstein(1850~1932)이 취했던 입장의 한계는 금방 드러난다. 자유로운 공동체로의 이행의 전망을 알지 못한 채 만들어지는 수많은 개혁 조치들이 자본주의적 관계들의 근본적 변화를 촉진할 수 있을지 여부는 미지수이게 되며, 이름뿐인 개혁이거나 내용적 개악이 개혁으로 포장되는 일은 불가피하기 때문이다.

베른슈타인과 대척점에 섰던 로자 룩셈부르크(1871~1919)가 취했던 입장의 한계도 자명하다. "인간다움이 무엇보다도 중

* 송태경, 「민주노동당의 열 가지 질문에 대한 답변」 (2002/07/28), 민주노동당 기관지 『이론과 실천』 중에서 수정 인용.

요한 일"임을 강조하며 "노동자 스스로가 만든 평등하고 자유로우며 민주적인 세계를 꿈꿨던" 그녀의 수많은 타당성에도 불구하고, 그녀는 두 가지 측면에서 오류를 범했다.

첫째는 노동의 정치의 집권(즉, 정치혁명)을 혁명 세력의 봉기를 통한 집권만으로 한정한 측면이다. 그러나 이는 1871년의 파리코뮌이나 우리의 1940년대 후반 해방 정국처럼 기존의 국가 질서가 일시적으로 공중분해되거나 이에 준하는 '어떤 특수한 예외 상황'에서나 정당성이 주어질 뿐, 노동에 의한 정치혁명의 일반적 수단이 아니다.

둘째는 노동자계급이 경제적 해방이 가능한 물적 토대인 자유인들의 연합에 대해 그녀가 알지 못했다는 것이다. 즉, "사회 개량주의의 레모네이드 몇 병을 부어 쓰디쓴 자본주의의 바다를 사회주의의 달콤한 바다로 바꾸겠다고 하는 베른슈타인의 생각은 푸리에François Marie Charles Fourier의 공상(적 사회주의)보다도 더 무미건조한 생각일 뿐이다"*라는 그녀의 유명한 말처럼, 개혁 그 자체는 자유로운 공동체로의 이행과는 독립적으로 존립할 수 있는 것들로 그것이 곧 자유로운 공동체로의 이행을 의미하지 않는다. 문제는 그다음이다. 설령 예외적인 상황 덕분에 로

---

* 로자 룩셈부르크, 『사회개혁이냐 혁명이냐』, 김경미·송병헌 옮김, 책세상, 2002, 53쪽.

자의 입장처럼 정치혁명에 성공하더라도, 자유인들의 연합 및 이행을 촉진할 수 있는 수단과 방책에 대해 아무것도 모르면서 어떻게 그렇게 확보한 정치권력을 진짜 혁명을 위한 강력한 지렛대로 활용할 수 있겠는가.

넷째로, 경쟁의 문제는 어떻게 되나?

동일한 산업 내에서 경쟁하는 기업들이 노동자들이 소유한 기업으로 전환된다고 하더라도 이 기업들의 경쟁의 문제가 남는 것은 아닌가 하는 의문 또는 질문이다.

이런 의문이나 질문을 마주하는 경우 우선 나는 우리가 주의해야 할 사항부터 얘기한다. 문제의 핵심은 노동에 대한 자본이나 국가 또는 다른 그 무엇에 의한 지배·착취 관계를 해소하는 것이다. 그리고 이 조건을 충족할 수 있는 유일한 조건은 자유롭게 생산과정에 결합한 노동자들이 소유하고 그들이 의식적·계획적으로 경영하고 노동의 성과를 그들 스스로 민주적으로 정한 기준에 따라 자율 분배하는 경우다. 따라서 지금의 문제는 우리가 부차적으로 풀어 가야 할 문제이거나 의문이다.

어쨌든 만일 이 조건이 충족된다면, 우리가 우선 주목해야 할 것은 기업 활동의 목적이 달라진다는 사실이다. 즉, 자본주의적 기업들에서 자본가들의 기업 활동의 목적이 더 많은 화폐인 이윤인 것과는 달리, 노동자들이 소유한 기업에서 기업 활동 목적은 노동의 성과를 매개로 하는 소비 욕망의 충족이다. 따라서

269

무엇보다도 이윤과 이윤율이 중요한 자본주의적 기업들과는 달리, 노동자들이 소유한 기업에서는 노동의 성과의 토대인 기업의 안정적인 존립과 성장이 가장 중요한 문제가 되며, 또 이를 전제로 외부와 관계 맺게 된다.

그리고 이 때문에 자유로운 공동체의 맹아 몬드라곤 협동조합 복합체가 웅변적으로 입증하고 있듯이, 노동자 소유 기업들에서 문제가 되는 것은 자본주의적 경쟁이 아니다. 여기에서 문제가 되는 것은 기업과 관련 기업 및 관련 산업과 사회와의 연대와 협동을 어떻게 재조직할 것인가 하는 것이다. 다시 말해, 생산관계의 근본적인 변화가 분배 관계의 근본적 변화만 초래하는 것이 아니라, 이를 둘러싼 사람들의 행위 양식의 변화까지 내포하는 것이다.

그러므로 지금과 같은 문제를 마주하는 경우, 우리는 자본주의적 관계를 전제로 하는 사람들의 행위 양식을 고정해 놓고 사유해서는 안 된다. 현실은 고정이 아니라 운동·변화이므로 반드시 이행과 변화를 사유할 수 있어야 하는 것이다.

다섯째로, 인류는 언제쯤 자유로운 공동체에 도달할 수 있을까?

내 『자본론』 강의를 통해 새로운 세상 '자유인들의 연합'을 알게 된 이들이 가끔 내게 했던 질문으로, 내 대답의 대강은 다음과 같다. 계급사회 최후의 형태인 자본주의사회가 자유로운 공동체(자유인들의 연합)로 이행하는 것, 다시 말해 자본주의적 생산양식이 자유롭게 생산과정에 결합한 생산자들의 소유에 기초한 연합된 노동의 생산양식으로 형태 변화되고 마침내 '실질적으로' 능력에 따라 일하고 능력에 따라 분배받는 자유로운 공동체로 이행하는 것, 그리고 여기서 한 걸음 더 발전해서 '능력에 따라 일하고 필요에 따라 분배받는' 가장 이상적인 사회 상태에 도달하는 것은 하나의 사회적 필연이다.

그러나 이 필연에는 일반적으로 논의된 바도 없고 주목받은 바도 없는 또 다른 진실이 숨어 있다. 즉, 우리가 지혜로운 수단과 방책을 찾아 자본주의사회를 자유로운 공동체로 이행시키기 위해 노력하지 않는 한, 자유로운 공동체로의 이행이라는 사회적 필연은 자연 발생성의 한계를 벗어날 수 없고 단기간에 실현될 수도 없다. 다시 말해, 이 경우 피할 수 없는 또 다른 진실은 이행의 필연성에도 불구하고 인류가 상당히 오랜 기간 자본주의에 머물러 있어야만 한다는 것이다. 왜냐하면 『자본론』이 충실히 밝히고 있듯이 "자본의 운동은 무한"이며, "분명한 것은 자본 가치가 증식되는 한, 자본 가치가 독립된 가치로서 그 순환을 따르고 있는 한, 그리하여 가치 변동이 어쨌든 극복되고 상쇄되는 한, 모든 가치 변동에도 불구하고 자본주의적 생산은 존재하며 계속 존재할 수 있다는 점"* 때문이다.

그렇다면 우리가 지혜로운 수단과 방책을 찾아 자본주의사회를 자유로운 공동체로 이행시키기 위해 노력한다면 어떻게 될까?

예를 들어, 미국에서 종업원 소유 기업을 촉진하기 위해 노력하는 코리 로젠Corey Rosen(코넬 대학교 정치학 박사)이나 버니 샌더스Bernie Sanders 같은 이들 또는 그이들 이상으로 지혜로운 수단과 방책을 가진 이들이 정치권력을 장악하고 국가 신용까지 동원해 이행을 촉진한다면, 자유로운 공동체는 임박한 미래라고도 말할 수 있다. 왜냐하면, 이 경우 이제까지 내놓은 수단과 방책을 국가 신용까지 동원해서 강력히 실행하는 것만으로도 자본주의 기업 대다수가 20~30년 이내에 종업원 소유 기업으로 전환될 수 있고, 사회는 자본주의적 기업들에 기초한 사회 대신에 종업원 소유 기업들에 기초한 사회로 탈바꿈될 것이며, 일반적인 수준에서 남는 문제는 기업 내·외부적으로 연대와 협동의 원리가 얼마나 빨리 성숙될 것인가와 연동된 경제적 변수들의 재조직화가 얼마나 빨리 달성될 수 있는가 등이기 때문이다.

따라서 이와 같은 가정에서는 늦어도 반세기면 충분히 인류가 자유로운 공동체의 첫 단계에 도달할 수 있을 것이라 말할 수 있다. 한마디로 지금 내가 강의하는 시점에서 자본주의사회가 지속되는 최장 기간은 예측할 수 없으나, 최단 기간은 예측할 수

---

* 『자본론』 제2권 제4장 「순환의 세 가지 형태」 중에서.

있다. 늦어도 40~50년 후가 바로 그 최단 기간이다.

어쨌든 내가 마주했던 '자유인들의 연합을 둘러싼 수많은 오해나 의문'이 무엇이든 다음의 사실은 분명하다.

즉, 마르크스의 이론적 진실인 자유인들의 연합은 이제까지 제대로 이해된 바 없고, 1871년 파리코뮌을 제외한 어떤 정치 세력도 자유로운 공동체로의 이행을 촉진하려 하지 않았다. 따라서 자유인들의 연합에 관한 이론적 오류는 마르크스에게 있었던 것이 아니다. 이론적 오류는 바로 우리 자신에게 있었다. 천재의 위대한 발견인 자유인들의 연합은 어디론가 사라져 버리고 천재에 대한 숭배(마르크스주의)만이 남아 있던 풍경, 이것이 마르크스 사후 현재까지 전개된 매우 우스꽝스러운 '역사적 소극'Historical farce이다.*

* "천재는 사라져 버리고 천재에 대한 숭배만이 남아 있다." 마르크스가 1850년에 토마스 칼라일Thomas Carlyle(1795~1881)에 대해 했던 말이다(『자본론』 제1권 제10장 제3절 '착취에 대한 법적 제한이 없는 영국의 산업 부문', 각주 58 참조, 김수행 옮김, 비봉출판사, 2015, 344쪽). 참고로, 칼라일은 『프랑스혁명』(1837)의 저자이기도 하고 독창적이고 진기한 관념론에 기초해서 영웅주의와 역사에서 개인의 영웅적 역량을 설파하는 동시에 청교도혁명Puritan Revolution이라고 불리는 영국 내전English Civil Wars(1642~51)에서 의회파의 영웅이었으나 독재자였던 크롬웰Oliver Cromwell(1599~1658)을 옹호했던 사람으로, "내가 보기에 가장 큰 잘못은 아무 잘못도 인식하지 못하는 것이다"The greatest of faults, I should say, is to be conscious of none라는 명언을 남겼다.

그러므로 나는 진실로 간절히 바란다. 참으로 우스꽝스러운 역사적 소극이 조속히 종결되기를, 자유로운 공동체로의 이행의 꿈을 모두가 함께 꿈꿀 수 있기를, 그리고 결국 그 꿈이 현실이 되어 모두가 다 실질적으로 자유롭고 풍요로운 세상에서 지구 자연과 유기적으로 공존하면서 살아갈 수 있기를 간절히 바란다.

그런데 참으로 신기하게도 마르크스가 칼라일에 대해 했던 말이 고스란히 재현되었다. 숭배자들은 흘러넘쳤으나 위대한 천재의 표현이자 정치경제학의 완성 체계인 『자본론』과 해방된 세계, 자유로운 공동체(자유인들의 연합)는 제대로 이해되지 않았다. 오히려 옳고 그름의 분별을 요구하는 하나의 '과학' 정치경제학이 있어야 할 자리를 '신념'belief 또는 '주의'ism가 차지했고, 마르크스 그이가 정치경제학 연구를 통해 최초로 발견한 자유인들의 연합(자유로운 공동체)은 바로 그이들의 '신념' 또는 '주의'에 의해 '침묵의 땅', '역사의 공동묘지'에 파묻혔다. 천재는 사라져 버리고 천재에 대한 숭배만이 지속되었다. 마르크스의 다음과 같은 유명한 얘기가 떠오를 수밖에 없는 지점이다.

헤겔은 어느 부문에선가 세계사에서 막대한 중요성을 지닌 모든 사건과 인물들은 말하자면 두 번 나타난다고 지적하였다. 그러나 그는 한번은 비극으로 다음번은 희극으로 나타난다고 덧붙이는 것을 잊었다(카를 마르크스, 「루이 보나빠르트의 브뤼메르 18일」, 『프랑스 혁명사 3부작』, 임지현·이종훈 옮김, 소나무, 1993, 162쪽).

그러므로 마르크스와 관련된 지금의 형국은 참으로 우스꽝스러운 '역사적 소극'이다.

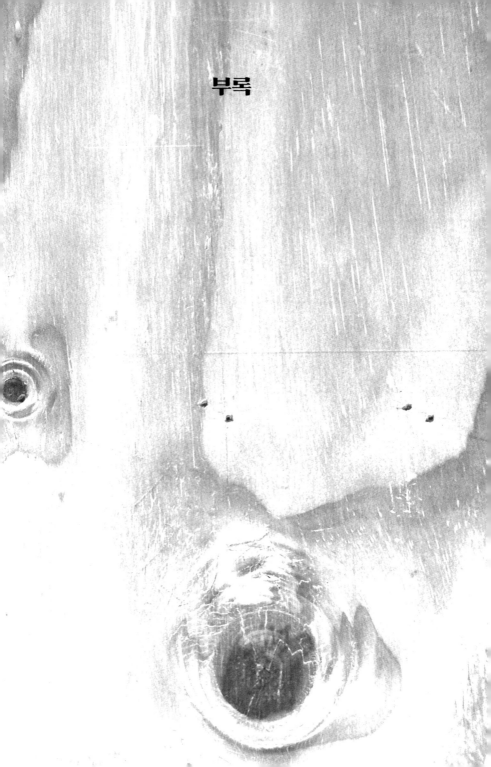

부록

내가 꿈꾸는 사회에 대해

내가 꿈꾸는 사회는 자유로운 공동체랍니다. 일하는 사람들의 소유(즉, 연합된 생산자들의 소유property of associated producers)가 촉진되면 자연스럽게 열리는 사회지요. 정치경제학적 개념으로 '자유로운 개인들의 연합' 또는 '자유인들의 연합'Association of free men이라고도 합니다.

그 사회는 '모든 인류'가 갈등 없이 더불어 풍요롭게 그리고 어떤 구속도 없이 진짜 자유롭게 살아가는 사회랍니다.

노동이 아름다울 수 있는 사회이기도 하고, 늙어서 어려서 병들어서 기타 다양하지만 불가피한 사유로 노동하지 못해도 다른 이들과 꼭 같이 풍요롭고 자유로운 사회이기도 하며, 인류와 지구 자연(나아가 우주 자연)이 유기적으로 공존하는 생태 친화적인 사회이기도 합니다.

더구나 자유로운 공동체 사회는 개개인의 개성의 자유로운

276

발전이 사회의 기초가 될 수 있기 때문에 각자가 자기 자신을 위해 일하는 것이 자연스레 모두에게 유익한 결과로 이어질 것이며, 또한 생산력 발전을 가로막는 모든 질곡들이 해소될 것이기 때문에 지금으로서는 상상조차 할 수 없는 물적 토대와 과학기술적 토대를 비약적으로 발전시켜 가는 사회가 될 것입니다.

우리가 살고 있는 사회, 겉으로 보기에는 자유와 풍요가 흘러넘치고 능력이 존중되는 사회처럼 보입니다.

그렇지만 실제로는 그렇지 않지요.

주어진 자유와 풍요만큼 상대적으로 많은 구속과 빈곤이 공존하며, 능력 없음을 비하하는 사회이기도 합니다.

어딘가에는 참혹한 전쟁마저 벌어지고 있고, 수많은 이들의 걱정과 바람직한 행동에도 불구하고 모든 인류의 삶의 토대이기도 한 지구 자연을 황폐화하는 난폭한 성장이 멈추지 않고 지속되는 사회이기도 합니다.

그러므로 사회적 사랑이라는 나의 초심을 지키며 이 시대를 살아야 하는 저는 이 모든 질곡으로부터 해방되길 꿈꿀 수밖에 없습니다.

비록 꿈을 꾸기 시작했을 때부터 나의 꿈인 자유로운 공동체 사회는 내 생애 도달할 수 없는 사회임을 잘 알았지만, 인간다운 너무나 인간다운 꿈이기에 이를 포기해야 할 이유란 그 어디에도 없었습니다.

어떤 이는 나의 꿈을 인류가 결코 도달할 수 없는 이상향, 즉 유토피아라 말합니다.

그러나 애덤 스미스의 『국부론』, 데이비드 리카도의 『정치경제학 및 과세의 원리』 그리고 마르크스의 『자본론』으로 이어지는 정치경제학(경제학의 본래의 이름입니다)을 전문적으로 연구해 온 저로서는 인류가 필연적으로 도달할 수밖에 없는 사회라 단언합니다. 마르크스가 단호하게 말했던 것처럼 저도 단호하게 말할 수 있습니다. 필연이라고!

사적 소유 자본주의 시대가 우리가 지금 살고 있는 주주 자본주의 시대로 필연에 따라 이행한 것처럼, 주주 자본주의 시대도 결국은 내가 꿈꿔 왔던 자유로운 공동체로 필연에 따라 이행해 갈 겁니다.

또한 크게 보면, 이와 관련해서 우리에게 주어진 문제는 딱 하나뿐입니다. 어떻게 지혜롭게 이행을 촉진할 수 있는가 하는 문제가 바로 그것입니다.

그렇습니다.

역사의 발전 단계를 뛰어넘을 수도 없고 법령이나 혁명으로 그것을 폐지할 수도 없지만, 지혜로운 수단과 방법을 찾아 이행을 촉진할 수 있고 이행의 과정 중에 발생할 수 있는 진통을 단축하고 경감할 수는 있습니다.

그리고 만일 이리된다면, 우리는 역사 전사前史의 마지막을

사는 이들이 될 것이고 우리 이후의 인류는 분명히 역사 후사後史를 열어 갈 겁니다.

어떤 평등이 어떤 자본주의를
위협한단 말인가

　　자본주의적 생산양식이란 자본 관계(또는 자본과 임노동 관계)라는 역사적으로 특수한 생산관계를 가진 생산양식을 말하며, 자본주의capitalism란 바로 이처럼 역사적으로 특수한 생산관계에 기초해서 시장경제를 출발점이자 배경 또는 환경으로 운동하는 경제를 말한다.

　　반면에 시장경제market economy란 말 그대로 '상품 교환의 장field'인 시장이 형성된 경제를 말한다. 예를 들어 조선시대, 아니 그 이전부터 형성되었을 것으로 추정되는 우리의 전통적인 3일장, 5일장 같은 시장들은 대개 소생산자들이 자신의 생산물의 일부를 관행적으로 약속한 날 약속한 장소에서 거래하면서 형성되는 시장으로 자본 관계라는 특수한 사회적 관계 없이도 성립될 수 있는 시장경제이다. 한마디로 시장경제는 다양한 사회적 생산관계를 바탕으로 할 수 있고(심지어 시장경제는 노예제나 봉건제 또는 아시아적 생산양식을 바탕으로 할 수도 있으며, 몬드라곤 협동조합 복합체와 같이 생산자 소유 기업들을 바탕으로 할 수도 있다!) 자본 관계(따라서 자본주의) 없이도 성립할 수 있는 개념이다.

또한 시장경제는 모두가 다 '자유로운' 판매자와 구매자로 '대등하게 만나' 준 것만큼 자신에게 필요한 것을 받는, 자신에게 필요한 것을 받은 것만큼 주는 '평등'을 전제로 하는 경제로, 자유와 평등은 시장경제를 지탱하는 기본적인 두 요소이자 서로가 서로를 보완하는 행동 양식이다.

반면에 자본주의는 시장경제를 출발점이자 배경 또는 환경으로 하고 있으며, 이 때문에 다른 유형의 시장경제들과 구분하여 특히 자본주의 시장경제라고 하지만, 자본주의를 지배하는 네 가지 자본 형태인 화폐자본(또는 금융자본), 산업자본, 상품자본(또는 상업자본), 토지 자본을 통해서도 한눈에 알 수 있듯이, '준 것보다 더 많이 받는 또는 받은 것보다 더 적게 주는 불평등'을 전제로 하는 경제로, 마르크스의 표현을 빌리면 실질적 평등이 아니라 '형식적 평등' 또는 '본질적으로 불평등'한 경제다.

즉, 시장경제의 원리에 따르면, 자유로운 시장 참여자가 100원어치를 주면 100원만 받아야 하는 것이 시장경제의 기본적인 룰이자 행동 양식이며, 이것이 곧 시장이 정상적으로 작동하기 위한 대전제다.

반면에 시장을 배경으로 운동하는 자본은 준 것보다 더 많이 받아야 한다. 화폐자본(또는 금융자본)에서는 100을 줬다면 그 대가인 이자와 합쳐 예컨대 110을 받아야 하고, 산업자본, 상품자본(또는 상업자본)에서는 100을 투자했다면 그 투자의 목적인 이윤과 합쳐 예컨대 110을 회수해야 하고, 토지 자본에서는 사용의 대가인 지대(흔히 임대 소득이라 하지만, 여기에는 토지 사용의 대가인 지대와 함께 건물의 가치 감가 비용 등이 포함된다!)를 합쳐 예컨대 110을 받아야 한다.

만일 자본의 운동이 시장경제 원리와 꼭 같이 처음 100에 대해 100만을 받는다면, 시작과 끝은 꼭 같고 따라서 운동은 무의미해진다. 더구나 시장에서는 경우에 따라 판매하지 못하는 등의 이유로 준 것보다 받지 못할 위험성도 있으므로, 이 경우 최선은 본전이고 손해까지 감수해야 하므로 시장경제 원리가 온전히 적용되는 것을 자본으로서는 용납할 수 없다.

어쨌든 마르크스가 그의 『자본론』을 통해 명쾌하게 구분해 냈듯이, '시장경제'와 '시장경제를 출발점이자 배경 또는 환경으로 운동하는 자본주의경제'는 이와 같이 다른 개념 다른 범주로, 그 표현하는 행위 양식에서도 '시장경제'가 경제에서의 실질적인 평등을 추구하는 '경제민주주의'를 뒷받침하는 물적 토대인 반면에 '자본주의경제'는 본질적인 불평등을 전제로 자본의 평등을 추구하는 '자본의 민주주의'(마르크스의 표현으로는 부르주아 민주주의)를 뒷받침하는 물적 토대가 된다.

다시 말해 경제민주주의는 모든 시장 참여자들의 실질적인 자유와 평등을 추구한다. 즉, 경제생활에 참여하는 사람들의 경제적 관계에서 차별과 불평등을 시정·해소하거나 또는 평등을 도모하여 경제생활 참여자들의 자유와 평등 및 풍요를 증진하는 것이 경제민주주의다.

그러나 자본의 민주주의는 주주 자본주의 시대를 만든 대표적인 기업 형태인 주식회사에서의 1주 1표에 기초하는 주주 평등의 원칙stockholder's equality principle이나 또는 '1원 1표'one dollar, one vote의 원칙에서도 알 수 있듯이, 모든 시장 참여자들의 실질적 평등을 배제하고 더 많이 가진 자가 더 많은 권리를 행사하는 불평등을 전제로 자본들 사이의 평등만을 추구한다.

예컨대 자본의 민주주의에서는 자본들 사이의 경쟁의 평등을 위해 독과점은 규제의 대상일 수 있고, 동일한 자본은 동일한 이자, 이윤, 임대 소득을 요구한다. 또한 기업에서 자본이 노동을 사용하는 관계조차도 경제민주주의에서는 자본이 노동을 사용하는 따라서 노동의 입장에서는 사용당하는 불평등한 관계로 시정·해소하거나 또는 평등을 도모해야 할 대상으로 한눈에 드러나지만, 자본의 민주주의에서는 노동을 평등하게 사용하고 있는가 등만이 문제로 된다.

어쨌든 약간의 경제학적 통찰을 가진 사람이라면 '시장경제'와 바로 이 시장경제를 출발점이자 배경 또는 환경으로 운동하는 '자본주의경제 또는 자본주의적 시장경제'가 다르다는 것은 쉬이 구분해 낸다. 마찬가지로 우리는 '시장경제'를 물적 토대로 하는 경제민주주의와 '자본주의경제'를 물적 토대로 하는 자본의 민주주의도 명확히 구분해야 한다.

특히 본의든 본의가 아니든 이미 자본의 이데올로그 역할을 하는 사람들은 경제민주주의를 '1원 1표'의 원칙에 따라 운동하는 자본의 민주주의와 같은 것으로 둔갑시켜, 시장 참여자들에 대한 차별과 불평등을 시정·해소하거나 또는 평등을 도모하려는 노력에 대해 딴지를 걸고 있다는 점에서 시급하기까지 하다.

참고로, 이에 대한 최근의 예는 김영용 전남대학교 명예교수의 『한국경제신문』 칼럼 「경제학 개념이 바로 서야 나라가 산다」, 김승욱 중앙대 경제학부 교수의 〈뉴데일리〉 인터뷰 「노동자 권익, 노조 아닌 기업경쟁력이 보장」 등이다. 덧붙여 참으로 황당한 얘기라 생각되지만, 김승욱 교수는 아예 문재인 정부의 경제민주주의가 (레닌의 소비에트) 공산주의 개념으로 이어질 위험성을 내재하고 있다고까지 주장한다.

예컨대 자본에 의한 노동 차별의 자유를 조장한 결과 발생한 저임의 비정규 노동자 차별 문제를 시정·해소하거나 평등을 도모하려는 노력은 분명히 자본에 의한 노동 차별의 자유를 제한하는 동시에 노동시장에서 차별받는 노동자들의 경제적 자유를 증진하려는 노력이며, 또한 노동 차별의 자유란 사회적으로든 경제적으로든 정치적으로든 마땅히 제거해야 할 유형의 자유로 헌법에 보장된 기업 고유의 경제적 자유와 창의 그 자체는 한 움큼도 침해하지 않는다는 점에서 시장 참여자들 모두의 경제적 자유를 온전히 증진하기 위한 경제민주주의 조치다. 그러나 사정이 이러함에도 우리가 경제민주주의를 자본의 민주주의와 같은 것처럼 왜곡 또는 혼용한다면, 우리 사회의 경제민주주의 진전은 영원히 불가할지도 모르며, 그 자리에는 자본의 민주주의와 차별과 불평등의 자유까지 내포한 자본의 경제적 자유만이 똬리를 틀게 될 것이다.

사실 경제민주주의를 진전시키는 경우, 시장에서 우월적 지위를 행사할 수 있는 자들이 다른 시장 참여자들을 차별할 자유, 권한 남용을 할 자유, 부정한 이익을 편취할 자유, 불평등을 조장하고 지속시킬 자유 등을 침해하는 것은 명백한 사실이다. 그러나 이런 종류의 자유는 차별 및 불평등 상태 등에 놓인 다른 시장 참여자들의 경제적 자유를 침해 구속하는 것들로, 사회적으로든 경제적으로 제거해야 마땅한 유형의 자유일 뿐이다.

그러므로 로버트 달이 탁월한 저서 『경제 민주주의에 관하여』에서도 반문했듯이, 경제민주주의와 자본의 민주주의를 분별할 수 있다면 우리는 다음과 같이 분명히 반문할 수 있다.

도대체 "어떤 종류의 평등이 어떤 종류의 자유를 위협한다는 말인가?"라고.

스웨덴 임금소득자기금의
배경·내용·결과·평가

노동자 소유 제도(종업원 소유 제도)의 고찰에서 스웨덴 임금소득자기금 또는 임노동자 기금wage earner fund은 대단히 독특한 지위를 차지하고 있습니다.

비록 기금 자체의 치명적인 결함 등 여러 가지 이유 때문에 노동자 소유 제도의 독특한 모델로 발전하지는 못했지만, 제도가 가졌던 다양한 긍정적 측면들 때문에 많은 이론가들의 집중적인 관심의 대상이었습니다.

1. 임금소득자기금의 성립 배경

스웨덴에서 임금소득자기금에 대한 기원으로 꼽을 수 있는 것은 스웨덴사회민주당의 주요한 경제 이론가이자 재무 장관으로 독창적인 개혁주의 모델을 제시했던 에른스트 비그포르스 Ernst Wigforss의 공공 투자 기금으로, 이는 '소유 집중의 폐해', '소득의 불평등 분배 개선', '산업구조 조정 정책의 재원 마련' 등의 문제에 대응해 1928년 상속세를 기금화하여 여러 투자 계획에 사용한다는 내용이었습니다.

국제적인 맥락에서 임금소득자기금 구상과 비슷한 시도는 다양하게 발견되는데, 특히 스웨덴의 정치·경제에 많은 영향을 미쳤던 독일의 노동조합운동에서 1957년 글라이츠가 제기한 '글라이츠 플랜'(기업 이윤에 의해 재정이 조달되고 노동조합들에 의해 운영되는 포괄적인 기금 제도)은 그 대표적인 것으로 꼽을 수 있습니다.

스웨덴에서 임금소득자기금에 대한 최초의 구체적인 구상은 1971년 스웨덴노동조합총연맹LO이 마이드너 위원회라는 소그룹 연구자들에게 경제민주주의의 전략을 검토하도록 하게 하고 이 위원회가 1975년 8월 「임금소득자기금」이라는 보고서를 제출하면서부터입니다.

보고서가 제시한 임금소득자기금의 주요한 구상은 ① 일정 규모 이상의 모든 공장에서 의무적인 20% 정도의 이윤 분배에 관한 계획을 제안하는 것, ② 이렇게 조달되는 재정에 의해 임금노동자와 그 조직들에 의해 운영되는 기금을 설치하는 것, ③ 지불 방법은 현금이 아니라 임금노동자 주식을 발행하는 것 등이었으며, 이러한 기금의 설치 이유는 다음 다섯 가지였습니다.

첫째, 스웨덴의 렌-마이드너 모델이라 불리는 연대 임금 정책에 따라 임금격차가 감소했지만 노사 간 소득 격차가 커지고 정책의 수혜 기업에서는 고임금화 현상이 나타남에 따라 연대 임금 정책에서 추구하는 '임금 억제'를 고무하고 초과이윤을 공유하기 위한 합리적인 수단의 필요하게 되었다는 점.

둘째, 노동자 소유를 통해 소유 분산의 문제를 해결할 필요성.

셋째, 노동과정에서 발생하는 노사문제를 해결해 가기 위해서는 작업장 민주주의와 함께 자본 소유에 대한 참여가 있어야 한다는 것.

넷째, 생산적으로 투자되는 자본의 지속적인 확보를 위한 기금 설치가 필요하다는 것.

다섯째, 연금제도를 보완할 수 있는 제도가 필요하다는 것.

그러나 이러한 최초의 구상은 '자체의 치명적인 결함들' 때문에 '노조 간부들의 주식 독식'을 우려하는 사용자단체의 완강한 반대와 특히 이 문제에 대한 주요한 관심 계층이었던 화이트칼라 노동자들까지도 다수가 반대함으로써 많은 우여곡절을 겪었으며, 이후 다소 변경되어 1983년 12월 〈임금소득자기금법〉이라는 한시법(1984년 1월에서 1990년 12월까지 시한부 입법)으로 국회를 통과하게 됩니다.

2. 임금소득자기금의 내용

임금소득자기금의 주요한 내용은 대개 다음과 같습니다.

기금은 중앙 기금과 다섯 개의 지역 기금으로 구성되고 독립적으로 운영된다.

    각 기금은 정부가 임명하는 9인 위원회가 운용하는 데, 5인은 스웨덴노동조합총연맹과 사무직노동자중앙연맹TCO이 추천하는 임금소득자 대표이고 나머지 4인은 학계, 협동조합, 지방정부와 공무원 들 중에서 정부가 지명한 자로 한다.

    기금에 귀속되는 주식의 의결권은 위원회가 행사하며, 다만 지방 노동조합이 요구하면 노동조합이 있는 기업에 대해 행사할 수 있는 의결권의 권한 50%를 위임한다.

    기금의 재원은 최소 공제액 이상의 이윤에 대한 20%의 이윤세와 모든 기업의 총 임금 비용의 0.2%로 한다(*주: 최소 공제액 이상의 이윤 = 총이윤 - 투자 유보 이윤 - 조세 지출 - 임금 총액의 6%나 세전 이윤 50만SEK의 초과분 중에서 많은 쪽; *주: 이윤세 = 최소 공제액 이상의 이윤 x 20%).

    각 기금당 물가 상승분을 공제한 연 최고 한도는 4억SEK(1984년 기준)이고 초과분은 연금에 귀속한다.

    이윤 분배는 현금 또는 주식 등으로 하며, 반드시 주식으로 할 의무는 없다.

재원 조달은 7년으로 제한한다.

기금은 유가증권과 기업의 주식을 취득할 수 있으나, 스웨덴 기업의 유가증권이나 주식만을 취득하여야 하며 장기적으로 보유하여야 한다.

기금의 수익 중에서 3%는 연금 기금으로 귀속한다.

각 기금은 기업의 의결권 있는 주식의 8%를 초과하면 안되며, 또한 기금은 연금 기금에 의한 주식 소유 제한 10%를 포함해서 기업의 의결권 있는 주식의 총 50%를 초과할 수 없다.

3. 결과

임금소득자기금은 반대자들이 극단적으로 예상했던 경제적인 파국이나 국가사회주의로의 이행의 조짐 그 어느 것도 전혀 보여 주지 않았습니다. 마찬가지로, 기금은 노동자들이 집단적으로 주식을 소유하고 민주적으로 통제한다는 원래의 목표도 전혀 달성하지 못했습니다.

그것은 다만 노동조합의 영향력하에 있는 투자 기금의 새로운 형태에 불과했을 뿐이며, 개괄적인 고찰은 다음과 같습니다.

첫째, 기금은 처음 5년간 152억SEK(1989년 기준)을 이윤세와 임금 총액에서 수령하여 1989년 말 시장가치로 227억SEK가 되었으며, 또한 바로 이 5년간 12억SEK를 연금에 기부했고, 기금 운영 수익률은 법정 수익률 3%를 크게 상회했습니다. 그러나 이런 성공적인 운영도 주식시장의 상황에 비추어 보면 크게 평가 절하되는 것입니다. 즉, 스톡홀름 주식시장의 주가지수는 1979년 말 120에서 1989년 8월에는 무려 1689로 약 140배가 상승한 반면에 기금의 시장가치는 고작 2배로 상승했을 뿐입니다.

둘째, 소유 집중의 폐해를 해소하는 측면에서도 기금이 소유-경영 구조의 선진화를 도모했다는 증거는 없습니다. 즉, 1984년 25개 개인기업이 주식시장 가치의 17%를, 여덟 개 보험회사가 15%를 소유하고 있었는데, 여기에 어떤 변화가 일어나지는 않았습니다. 오히려 주식시장의 호황으로 부의 불평등 분배는 그대로 유지되었거나 오히려 심화되었다는 게 일반적인 평가입니다. 다만 기금이 3%의 주식을 소유했다는 성과가 있는 것은 사실입니다.

셋째, 기금이 주식의 장기 보유를 통한 자본시장의 안정이나 산업 정책과 관련한 신규 투자의 배분에 역할을 했다는 어떠한 증거도 발견되지 않습니다.

오히려 기금은 수익률 달성을 위해 장기적으로 주식을 보유하기보다는 단기적인 투기를 했으며, 지역의 산업 발전을 위해 소규모의 비상장 기업에 부분적으로 투자(1989년 기금 전체 자산의 2.6%)하기는 했으나 주로 대기업의 주식을 집중적으로 매매했을 뿐입니다.

넷째, 산업민주주의의 문제점을 보완하여 스웨덴 사회에 형성되어 있는 노동자 이사제 등의 노동자 경영 참가를 발전적으로 진전시키는 데 기금이 어떤 역할을 했다는 증거도 발견되지 않습니다.

이런 무의미한 결과로, 결국 7년 한시법이었던 〈임금소득자기금법〉은 1991년 기간의 종료와 더불어 폐지되었으며, 임금소득자기금은 스웨덴이 제시했던 복지국가 모델처럼 하나의 독특한 모델까지 발전하지는 못하게 됩니다.

4. 평가

스웨덴 임금소득자기금은 분명히 실패했고 끝내 폐기되었음에도 불구하고, 노동자 소유 제도와 관련하여 시사하는 바는 매우 크다고 할 수 있습니다.

첫째, 현존하는 노동자 소유 제도의 유형과는 달리 노동조합의 주도하에 만들어졌다는 특징입니다. 이는 경우에 따라서 노동조합도 소유에 적극적인 태도를 취함으로써 노동운동의 형태가 대립과 투쟁을 취하기보다는 참여와 협력의 길을 모색할 수도 있음을 의미합니다.

둘째, 개인적 주식 소유 형태의 문제점을 극복하기 위해 노동자들이 동등하게 소유하고 권리를 행사하는 주식 공유제 개념을 제기했다는 점입니다.

물론 스웨덴에서 제기된 주식 공유제의 개념은 그 기본적인 구상과는 달리, 기업 내부에서가 아니라 기업 외부의 문제로 치환했으며, 실제로 노동자들이 주식을 공유한 것이 아니었다는 치명적인 결함을 가진 것이었습니다.

즉, 형식에서는 노동자들이 주식을 공유하는 것이었지만, 실제로는 법인격인 기금(중앙 기금, 지역 기금)이 소유였으며, 권리 행사의 주체는 노동자들이 아니라 노동조합의 상층 간부에 지나지 않았습니다.

셋째, 사회주의의 국유화 계획에 반대했다는 점입니다.

이는 1970년대까지 유럽을 풍미했던 전통적인 노동조합운동과는 달리, 사회주의의 국유화 계획의 관료성 및 비효율성을 인정하고 새로운 형태의 대안을 노동조합이 적극 모색했음을 의미합니다.

넷째, 산업민주주의 차원에서 제기된 노동자 경영 참가의 문제점을 소유 참가를 통해 보완하려 했다는 점입니다.

이는 재산권에 기초하지 않은 노동자 경영참가가 일정한

범위 내에서 제한될 수밖에 없음을 스웨덴 노동조합운동이 인정했음을 의미합니다.

다섯째, 노동자 소유를 위한 독자적인 기금 조성의 필요성을 제기했다는 점입니다.

미국의 노동자 주식 소유 제도가 민간 신용과 조세 감면에 의존하는 것과는 달리, 스웨덴에서 구상되었던 노동자 소유 제도는 독자적인 기금 조성을 통해 노동자들의 소유 참가를 촉진하려 했다는 점입니다. 비록 노동자 소유 제도의 활성화에 따른 경제적·사회적 이익을 도모하기 위해서는 복합적인 지원이 필요하며, 따라서 스웨덴의 시도는 이 중 한 형태를 새롭게 개발하고 오직 이 한 형태에 의존했다는 문제가 있는 것은 사실입니다. 그럼에도 불구하고 스웨덴의 시도는 기존의 노동자 소유 제도에서 발견되지 않는 노동자 소유 촉진의 방법이 있음을 구체적으로 입증했다는 의의가 있습니다.

나의 어머니

돌아가신 후에야 눈물이 납니다.

몇 년을 요양 병원에서 자식조차 알아보지 못한 채 그저 막대기처럼 누워만 계시다가 어머니 당신은 어제(2019년 1월 4일) 자신의 생을 마감하셨습니다.

그리고 그 몇 년은 참으로 죄스러운 나날이기도 했습니다.

당신으로부터 그리 많은 은혜를 입었는데도, 자식인 제가 어머니 당신을 위해 할 수 있던 일이라고는 한 달에 서너 번 찾아뵙는 게 전부였기 때문입니다.

천하의 한량이었던 아버지 덕분에, 어머니 당신은 6남매를 거의 홀로 키우셔야 했습니다.

"제대로 배우지 못한 것이 너무너무 큰 한恨"이라며 자식들은 어떻게든 배움의 길을 가기를 갈망했던 당신, 그러나 가난은 어머니 당신의 갈망을 순탄하지 않게 했습니다.

자신의 배움에 대한 한 때문에 온갖 잡곡을 등짐으로 나르며 가족의 생계 그 이상을 어머니 당신은 책임지려 하셨습니다.

덕분에 자식인 제가 보기에도 어머니 당신의 평생은 참으로 고단한 나날이었음에도, 정작 당신은 고단해하기는커녕 즐거워하셨습니다.

지금도 눈에 선합니다.

그 무거운 등짐을 지고 오시다가도 어머니 당신을 마중 나가거나 또는 우연히 마주친 자식을 볼 때마다 매번 환하게 웃던 그 얼굴, 그 모습이……

어머니 당신은 소녀 시절 제주 4.3의 참상을 온몸으로 겪어야 했습니다.

특히 1948년 겨울 이후 피의 대학살 시기 내내 친척들이나 마을 공동체 이웃들이 무참히 살육되는 광경들을 두 눈으로 지켜봐야만 했고, 그즈음의 기억이 되살아날 때면 쓰라린 한을 담은 눈물을 쏟아 내곤 하셨습니다.

배움의 길을 가지 못한 어머니 당신의 한도 제주 4.3의 부산물이라 생각하셨기에, 자식들 누구 하나가 배움의 길에서 일탈하는 모습을 보일 때마다 크게 상처받고는 하셨습니다.

넷째인 내가 어머니 당신의 고단한 일상에 짐이 되기 싫어 일찌감치 배움의 길을 포기하고 실업계 고등학교를 선택했을 때, 왜 그리 격하게 화를 내고 통곡했는지 처음에는 정말 몰랐습니다.

내가 고3이 끝날 무렵 취업했던 자동차 정비 회사 정문 앞에서 어머니 당신은 출근하는 회사 사람들을 붙잡고 손이 발이 되도록 빌었습니다. 우리 아들 대학에 갈 수 있게 도와 달라고, 이 회사 다니지 못하게 해 달라고……. 자식이 배움의 길을 가는 것이 어머니 당신에게는 그리도 절박한 일이었습니다.

6남매 모두가 남부럽지 않게 된 후에도, 어머니 당신은 자식들에게 조금이라도 짐이 되지 않으려 하셨습니다.

자식들이 주는 돈은 모두 저금하셨고, 거꾸로 없는 살림임에도 자식들에게 한 푼이라도 더 보태 주려 하셨습니다.

6남매를 위해 그리 고단한 삶을 사셨음에도, 그 고단함을 기꺼이 자신의 기쁨으로 받아들였던 어머니 당신, 나의 어머니, 사랑했습니다. 너무나 사랑했습니다.

— 당신의 넷째 태경 올림 (2019년 1월 5일)

추신: 나의 어머니에게 배움의 길은 가난에서 벗어나거나 뭐 그런 것이 아니었습니다. 어머니 당신에게 배움의 길은 가진 자에게 휘둘리지 않고 살아갈 수 있는 유일한 길이었고, 어머니 당신이 제주 4.3의 참상을 겪으며 온몸으로 느낀 강력한 믿음이었으며, 자신의 자식들은 그런 참상을 겪지 않기를 바라는 절대적인 바람이기도 했습니다.

어머니 그리고 제주 4.3으로 응어리진 어머니의 가족사

사랑하는 나의 어머니를 떠나보냈고, 어제 탈상을 했습니다. 많은 분들이 신경 써 주신 덕분에 일은 잘 마무리했습니다. 감사하고 고맙습니다.

그리고 지금 아니면 기록으로 남겨 둘 수가 없을 듯해서 사랑하는 어머니 당신과 가족사 얘기 일부를 메모해 두고자 합니다.

가족들조차도 저를 제외하면 과거의 큰 아픔을 떠올리기 싫다며 어머니의 가족사에 대해 누구 하나 궁금해하지 않았으며, 정말 집요하게 알고자 했던 저조차도 몇 가지 조각난 얘기들을 제외하면 상세히 알지 못합니다.

주로 보리나 콩, 드물게는 조나 메밀 같은 잡곡들을 등짐으로 지고 나르며 자신의 6남매 생계 이상을 책임지려 했던 나의 어머니.

더구나 천하의 한량이었던 아버지 덕분에 그 모든 것을 온전히 자신의 몫으로 했던 나의 어머니.

그렇지만 제대로 된 배움의 기회를 가지지 못했던 그 시대의 다른 모든 여성들처럼 남존여비의 사상으로부터 자유로울 수 없었고, 장자상속 및 아들 우선이라는 조선의 나쁜 유습으로부터 자유로울 수 없었던 나의 어머니.

집안 형편이 어렵지만 중학교는 당연히 보내 주고 공부만 잘한다면 고등학교도 보내 주겠다는 외할아버지의 약속에 가슴 설레었던 소녀는 국민학교(초등학교) 끝 무렵 제주 4.3의 참상을 온몸으로 겪어야 했습니다.

제주 4.3으로 인해 배움의 기회는 자연스레 사라졌고, 어머니 당신에게는 "제대로 배우지 못한 것이 너무너무 큰 한"이 되었습니다.

어머니 당신의 얘기에 따르면, 여자만 셋이었던 어머니 형제들(큰이모, 둘째 이모, 그리고 막내였던 어머니)과 남자만 셋이었던 사촌오빠들은 친오누이나 다름없었다 하며, 나이 차가 많이 나는 막내였던 어머니 당신을 특히 잘 챙겨 줬다 합니다.

어머니 당신에게 큰외삼촌은 하늘 같은 존재였고, 일찌감치 조천 최고의 수재로 불렸던 둘째 외삼촌과 늘 1등만 하던 막내 외삼촌은 어머니 당신의 우상이자 희망이었다고 합니다.

제주 4.3의 직접적인 희생양은 둘째 외삼촌이었습니다.

어머니 당신의 얘기에 따르면, 마을 공동체 이웃들을 위해 둘째 외삼촌이 군경에 항변한 것이 화근이 되었다고 합니다.

둘째 외삼촌은 군사재판에 넘겨져 사형선고를 받았고, 서울 형무소를 끌려갔다가 끝내 즉결처분 되었습니다.

또한 가족들 중 한 사람이라도 봉기에 가담한 자로 찍히는 경우 그 부모와 형제자매 등을 모두 죽이는 연좌제의 가혹한 비수는 둘째 외숙모와 외숙모 친척들 모두를 1, 2차에 걸쳐 살육했습니다.

당시 1차 살육의 현장에 우연찮게 같이 있었던 어머니 당신도 누군가 숨으라 해서 숨지 않았다면 죽었을 것이라 했습니다.

어머니 당신은 둘째 외숙모 등의 총살형으로 이어진 2차 살육의 현장도 두 눈으로 똑똑히 봐야만 했다고 했으며, 그 참혹한 죽음들은 평생의 트라우마가 됐습니다.

또한 경찰 신분이었던 큰 외삼촌 가족에게는 화가 미치지 않았으나, 어머니 당신의 또 다른 우상이자 희망이었던 막내 외삼촌은 살육을 피하기 위해 신혼의 아내를 두고 일본으로 밀항을 가야 했고 그 생이별은 길고 길었습니다.

그리고 제주 4.3에 대해 침묵을 강요당했던 기나긴 세월 동안 어머니 당신은 소녀 시절의 기억이 되살아날 때면 쓰라린 한을 담은 눈물을 쏟아 내셨고, 어머니 당신이 제대로 배우지 못해 어떻게 해 볼 도리 없음을 자책하고는 하셨습니다.

이런 연유로 어머니 당신은 "제대로 배우지 못한 것이 너무

너무 큰 한"이 되었고, 자신의 자식들만큼은 어떻게든 배움의 기회를 갖기를 원했습니다.

자신의 능력 범위 밖임에도 큰형을 육지 대학에 보내기 위해 마음고생을 심하게 하고 계신 어머니 당신을 보며 중2였던 넷째인 내가 나는 인문계 고등학교를 가지 않겠노라고 대학 안 가겠노라고 생고집을 피웠을 때, 그리고 결국 제주농고(현재 제주고) 기계과를 선택했을 때 그리 격하게 화를 내고 통곡했던 어머니 당신.

넷째인 내가 고3의 끝 무렵 자동차 정비 회사에 취업하며 대학 가지 않는 것을 거의 기정사실화했지만, 어머니 당신은 대학을 가서 제대로 배워야 사람 구실 할 수 있다며 넷째인 내가 대학 가길 강권했고, 어머니 당신의 강권과 졸업하는 해부터 등록금을 대는 건 좀 어려우니 형들처럼 너도 1년만 쉬고 대학 들어가면 너 하나쯤 걱정 없이 뒷바라지할 수 있는 여유는 있다는 꼬드김으로 나를 설득해 배움의 기회를 제공해 준 이후에야 안도하셨던 어머니 당신.

그렇지만 그때는 정말 몰랐습니다.

어머니 당신의 삶의 배후에 그리 큰 트라우마가 있었는지, 왜 그리 자식들의 배움에 대해 집착하셨는지, 아니 저는 그저 그 시대를 살았던 제주 여성들처럼 자식에 대한 높은 교육열을 어머니 당신도 공유하는 정도로만 알았습니다.

내가 어떤 표현이나 행동을 할 때마다 "하루방 닮은 것"(외할아버지 닮은 아이)이라 했던 외할머니 덕분에 늘 어떤 분이었는지 궁금해했지만, 사진 한 장조차 남아 있는 게 없어 외모조차 알 수 없었고 어머니 당신은 소상히 얘기해 주지 않아 도무지 실체를 알 수 없었던 외할아버지.

큰외삼촌을 통해서야 알았습니다.

어머니 당신의 아버지였던 외할아버지도 둘째 외삼촌이나 막내 외삼촌처럼 조천의 수재였을 뿐만 아니라, 장두를 섰던 집안답게 제주 장두정신의 소유자로 자신이 제주 사람이라는 사실에 자긍심을 가졌던 분임을……

제주의 조냥정신이 인도주의를 상징하는 나눔을 넘어 어려운 공동체 이웃들과 더불어 함께 살고자 했던 연대와 공존의 정신까지 포괄하는 것이라면, 제주 장두의 상징적인 인물인 이재수를 통해서도 알 수 있듯 제주의 장두정신은 공동체 이웃들을 위해서라면 자신의 목숨까지도 초개와 같이 취급할 수 있는 최상의 리더십으로 진정한 제주 사람을 상징하는 정신입니다.

일제 식민이라는 시대적 상황 때문에 초야에 묻혀 살았지만, 장두정신의 소유자로 자신이 제주 사람이라는 자긍심을 가졌던 분일 뿐만 아니라, 그 시대에 이미 조선의 유습에 얽매어 있지 않았기에 일제의 강제징용 문제 등으로부터 자유로워진 해방 무렵부터이긴 하나 딸자식들에게 배움의 길을 열어 주려 했던 외할아버지.

이런 분이 아버지였기에 어머니 당신은 배움에 대한 꿈을 가질 수 있었으나, 참혹한 시대가 어머니 당신의 꿈을 산산조각 냈던 것이었고, 어머니 당신이 제대로 배우지 못해 어떻게 해 볼 도리 없음을 자책한 것만큼 당신의 자식들에게는 그 한을 물려주지 않으려 절박하게 몸부림쳤던 것입니다.

자식들에게는 한 점 짐 하나조차 남기려 하지 않았던 어머니 당신은 참으로 세심하기도 하셨습니다. 자신이 죽은 이후 발생할 장례 비용까지 염려되어 이를 따로 저금해 두셨고, 천하의 한량이었던 아버지를 이미 용서해서 자신이 삶을 마감한 이후에는 화장하고 합장해서 아버지도 나를 대하듯 해 달라 하셨습니다.

6남매를 위해 그리 고단한 삶을 사셨지만, 그 고단함을 기꺼이 자신의 기쁨으로 받아들였던 어머니 당신.

더구나 어머니 당신은 경제적으로 그리 힘들었음에도 대학 가길 한사코 거부했던 제게 강권까지 동원해 배움의 기회를 주셨고, 덕분에 당신의 넷째는 그 배움을 통해 참으로 많은 이들에게 삶의 희망을 줄 수도 있었습니다.

그렇습니다.

당신의 넷째 태경의 사회적 사랑의 배후에는 제주 부씨 어머니 당신의 큰 사랑이 늘 있었고, 어머니 당신이 의도하지는 않았겠으나 참으로 많은 이들에게 큰 희망이 되었습니다.

어머니 당신, 나의 어머니 사랑했습니다. 너무나 사랑했습니다.

　　　　　— 어머니 당신의 넷째이자 민생연대 사무처장 송태경 올림

(2019년 1월 8일)